'문제 해결 능력' 가진 성경적 지혜의 사람 키우고 싶다

황성주 인터내셔널드림스쿨 교장

1.

호주 유학생 수양회(KOSTA)를 인도하기 위해 지난 2004년 시드니 근교 블루마운틴을 간 적이 있다. 그곳은 온통 유칼립투스 나무로 둘러싸여 있었는데 유칼립투스는 다른 나무에 비해 3배 정도 산소를 배출하는 특성이 있다. 세계 최고의 산소 분압을 자랑하는 이 지역에서는 암 발생이 불가능하다. 암은 산소를 가장 싫어하기 때문이다.

지식의 영역에서도 산소같이 세상을 새롭고 신선하게 만드는 지식이 있다. 하지만 오늘날 지식의 홍수 시대에 '사람을 살

리는 지식'이 없는 것이 너무도 안타깝다. 나는 그동안 의대 교수, 유명 대학의 객원교수, 아프리카 쿠미대 총장, 꿈의학교 설립자 등으로 일하면서 세계 곳곳의 교육 현실을 유심히 관찰하며 나름대로 통찰력을 갖게 됐다. 공급자 중심의 교육을 위한 교육, 소비자 중심의 졸업장을 받기 위한 교육을 하다 보니 세상을 바꿀 수 없는 엉성한 콘텐츠와 현실과 동떨어진 진부한 교육, 그 결과에 대한 안타까움에 깊이 공감하고 있다.

최근 강원도 횡성 해밀리에서 풍부한 산소처럼 '가장 성경적이며 가장 유용한 지식'을 공급하는 하나님의 학교 '인터내셔널드림스쿨(IDS)'을 시작했다. 모든 교사가 교육 선교사로 헌신한 학교, 모든 재학생과 모든 졸업생이 차세대 리더로서 다음 세대에게 복음을 전하는 학교, 교사 학생 학부모가 모두 확실한 그리스도의 제자로 성장하며 '오직 주님'을 외치는 학교를 시작한 것이다. 한마디로 자신에게 꼭 필요한 최고 수준의 책과 인물을 끊임없이 만나 영감과 도전을 받고 국내 전 지역과 전 세계를 대상으로 자신의 꿈을 이룰 수 있는 곳이면 어디든 직접 가서 배우고 체험하는 학교, 하나님이 창조하신 일반 계시인 전 세계의 아름다운 자연과 구원의 비밀이 담긴 절대 진리인 성경을 교과서로 삼는 학교이다.

선진 교육은 이미 공급자 중심의 훈련(training)이라는 '교육 1.0'에서 소비자 주도 학습(learning)이라는 '교육 2.0'으로 바뀐 지 오래다. 그리고 21세기에는 사람을 변화시키는 콘텐츠 중심의 영감(inspiring)을 중시하는 '교육 3.0' 시대에 진입했고 또다시 개척자적 실행(pioneering)이라는 '교육 4.0' 시대가 꿈틀거리고 있다. 이렇게 급변하는 교육 혁명 시대에, 학교의 짜여진 커리큘럼에 학생들을 짜 맞추는 공장형 교육 제도는 더 이상 참을 수 없는 방식이다. 본래의 의도는 아니겠지만 지금의 교육 제도는 마치 학교를 유지하기 위해 학생을 수단화 하고 부모의 야망을 이루기 위해 자녀를 목적화 하는 느낌을 강하게 준다.

놀랍게도 성경은 교육 3.0과 교육 4.0의 모든 콘텐츠가 담겨있는 지혜와 지식의 보고이다. 이 성경의 절대 진리성을 인정하고, 그 진리에 순종하기만 하면 신명기 28장 1절 말씀처럼 "네가 네 하나님 여호와의 말씀을 삼가 듣고 내가 오늘날 네게 명령하는 그 모든 명령을 지켜 행하면 네 하나님 여호와께서 너를 세계 모든 민족 위에 뛰어나게 하실 것이라"는 약속대로 자녀들은 세계적인 인재가 되고 하나님 나라에서 인정받는 영재가 되게 되어 있다. 이 말씀이 얼마나 진리인가를 입증하고 싶은 열망으로 진리의 실험실을 운영하고 있다.

무엇보다 IDS의 탁월성은 내가 되고자 하는 인물을 모형화하고 벤치마킹하는 멘토 학습이다. 하나님의 사람을 초청해 직접 만나 멘토링을 받고 그분들의 영성과 인격, 지혜를 배우는

'위대한 만남'이 핵심 커리큘럼이다. 물론 해밀리 캠퍼스에서의 암 환우 섬김 프로그램, 아프리카 쿠미대 캠퍼스와 인도의 하리아나 캠퍼스에서 진행하는 단기 선교 꿈 여행을 통해 낮은 곳을 향하고 고통받는 이들을 그리스도의 사랑으로 섬기는 '위대한 하강'의 체험, 미국 콜로라도 캠퍼스에서 이루어지는 집중적 현지 영어 학습, 북유럽의 탈린 캠퍼스에서 진행되는 창조적 문화 체험도 중요한 학습 과정이다. 절대 진리인 성경에 기초해 아름다운 자연과 인류 최고의 유산인 책과 위대한 인물들, 그리고 5개의 멀티 캠퍼스를 통한 세계 이해를 바탕으로

평생 꿈과 비전을 이루어가는 현재 진행형 학교이다.

사실 이 학교는 정해진 커리큘럼이 없고 수업 연한도 없다. 하나님의 형상대로 창조함을 받은 학생 스스로 자기에게 필요한 커리큘럼을 짜고 수업 연한도 자신이 정하는 이른바 일대일 맞춤 학습이다. 전 세계를 다녀 보면 인류가 너무도 많은 고통과 아픔을 겪고 있다는 것을 볼 수 있다. 정말 안타까운 일이다. 나 자신(I-agenda)을 위해서 어떤 장애물이든 스스로 극복할 수 있는 '역경 극복 능력'과 더불어 세계의 이웃들(Youagenda)을 위해 어떤 문제든지 해법을 제시하는 '문제 해결 능력'을 가진 성경적 지혜의 사람을 키우고 싶다. 우리나라뿐 아니라 전 세계의 다음 세대가 죽어가고 있다. 지금까지 내게 주신 모든 은혜와 지혜와 경험을 전부 쏟아부어 다음 세대를 살리고 싶다.

2.

지난달 국제꿈의학교 입학생들과 미국 서부 지역으로 창조 과학 탐사 여행을 다녀왔다. 오랜만에 그랜드 캐니언, 자이온 국립 공원, 브라이스 캐니언, 글렌 캐니언, 다이너 소어 힐 등을 둘러 돌며 성경적 관점에서 천지 창조와 노아 홍수, 습윤 사막과 빙하시대 흔적을 살폈다. 성경적 절대 진리에 대한 확신과 더불어 과학의 가면을 쓴 진화론이 얼마나 무리한 추론인가를 확인할 수 있었다. 지난해 1월 현대 복음 전도의 해답을 찾아 유럽 지역을 순회한 것과 더불어 현대 무신론의 뿌리인 진화론과 상대주의를 현대 문명의 차원에서 새롭게 조명할 수 있었기 때문이다.

최대 깊이 1.8km, 최대폭 16km의 거대한 협곡이 450km 길이로 펼쳐진 그랜드 캐니언은 겹겹이 쌓여있는 퇴적암의 지층과 화석을 통해 창조와 노아 홍수에 대한 성경적 단서들을 찾을 수 있다. 놀라운 것은 그곳에서 창조시(홍수 이전) 지층과 홍수 이후 지층 경계를 명쾌하게 발견할 수 있다는 것이다. 창조과학자 이재만 소장은 자신의 탐사 여행에 참석했던 진화론 지질학자 대부분이 너무도 명확한 성경적 창조와 성경적 격변설(노아의 홍수)의 증거 앞에 진화론을 버리고 주님께 돌아왔다는 간증을 한 적이 있다.

자이온 캐니언의 특징인 사층리는 대홍수 기간에 엄청난 양의 모래와 물이 이동한 흔적이라는 명확한 사실과 브라이스 캐니언은 풍화 작용이 아닌 노아 홍수 이후 물이 빠져나가면서 상대적으로 단단한 재질의 암석이 남아 돌기둥 단지를 형성한 것이라는 것이 유일한 합리적 설명이다. 다윈의 진화론은 현대 과학의 수준으로 보면 말도 안되는 억지이다. 특히 1830년 영국의 지질학자인 찰스 라이엘이 발표한 동일 과정설과 1859년 다윈의 진화론이 결합한 '지질 주상대'는 두 개의 가설이 서로를 사실로 믿고 의존하는 궤변을 낳고 만다. 즉 화석으로 지질 주상도를 작성하고 지질 주상도를 보고 화석의 연대를 결정하는 순환적 오류를 범하고 이를 보편화시킨 것이다.

진화론은 현재 진화론자들의 학회에서 거의 부정됐고 다만 개체 변이가 소진화라는 이름으로 명맥을 유지하고 있다. "진화론이 입증되지 않았고 또 입증되지 않을 것이다. 특별 창조가 다른 대안이므로 우리는 진화론을 믿지 않는다"는 B G 랭가내이선 박사가 진화론 잡지인 '오리진스(Origins)'에 1988년 기고한 내용은 시사하는 바가 매우 크다고 하겠다. 사실 다윈이 생물학자 멘델을 미리 만났더라면 감히 진화론을 주장하지 못했을 것이다. 다윈의 적자생존이나 자연 도태설은 동시대 멘델의 유전 법칙에 의해 과학적으로 완전히 부정됐기 때문이다.

무신론의 뿌리인 상대주의는 독일 철학자 게오르크 헤겔의 작품이다. 나는 유럽 탐사 여행을 통해 헤겔의 상대주의와 변증법이 동시대 찰스 다윈과 카를 마르크스에게 절대적인 영향을 미쳤다는 사실을 알게 되었다. 만약 헤겔의 철학이 정상적인 궤도를 벗어나지 않았더라면 후대의 니체와 프로이트, 러셀

같은 인물들이 역사의 무대에서 조명을 받지 못했을 것이다.

독일 베를린대 본관에는 유명한 마르크스 테제가 있다. "철학자들은 세계를 다양하게 해석해 왔을 뿐이다. 중요한 것은 세계를 변화시키는 것이다." 문제는 마르크스와 그의 추종자들이 세상을 개선시키지 않고 개악시켰다는 것이다. 하이델베르크를 떠나 베를린에 정착한 헤겔이 마르크스에게 준 영향은 대단한 것이었다. 필자가 이 대학에서 발견한 무신론의 고리는 헤겔-마르크스-프로이트-다윈이었다. 한국의 대표적인 진화론자 최재천 교수가 이야기한 세계를 변화시킨 인물 3인방(마르크스, 프로이트, 다윈)은 헤겔 철학의 뿌리에서 맺힌 열매라 할 수 있다. 하나님 나라 관점에서 볼 때 그들은 시대의 영웅이 아니라 시대의 괴물이었던 것이다.

'세계정신'이라는 이름으로 하나님의 자리에 이성을 신으로 앉힌 무신론자 헤겔은 결국 하나님 없는 철학과 이데올로기를 탄생시켰다. 역사철학자 헤겔은 사실상 현대 철학의 이름으로 유신론의 근간을 흔들고 대중에게 지옥의 문을 열어 버린 장본인이다. 더욱이 상대주의라는 개념을 통해 모든 절대 가치를 무너뜨렸다. 그리고 헤겔이 신의 반열에 올려놓은 이성은 병든 자아로 대체되고 1,2차 세계대전과 공산주의 혁명을 통해 인간의 죄성을 증명하는 계기가 된다.

결국 헤겔은 인간의 욕망을 인류 역사의 원동력으로 설파한 하이델베르크 대학의 라이벌 철학자 쇼펜하우어에게 판정패를 당하고 만다. 절대자와 절대 가치를 부인하면 죄를 짓게 된다. 무신론은 아무리 포장을 해도 마음껏 죄를 짓겠다는 의지의 표출인 것이다. 결국 헤겔은 인간의 병든 자아가 신이 되는 길을 열어 놓았다. 현대인의 자기 도취와 자아 숭배도 여기에 속한다.

다윈의 진화론은 인간이 하나님의 형상대로 창조된 존재라는 것을 정면으로 부인한다. 영적이고 윤리적 존재인 인간을 물질적이며 생물학적 존재로 비하시켰다. 사실 인간은 진화돼 가는 게 아니라 전존재적으로 영적으로 도덕적으로 퇴화하고 있다. 의대 교수 시절 몸담았던 대학의 총장님과 저녁식사를 한 적이 있었다. 그런데 분위기가 무르익자 그분 입에서 음담패설이 거침없이 나왔다. 우리나라에서 가장 존경받는 학자였기에 그때 충격은 말할 수 없었다. 그때 엔트로피 법칙이 떠올랐다. 무엇이든 방치되면 무질서가 증가되는 자연 퇴화 법칙이다.

인류 최대의 거짓말은 상대주의 무신론과 진화론이다. 결국 이러한 거짓 진리 위에 하나님 없는 진보와 하나님 없는 보수가 탄생했다. 진보는 무책임과 죄악의 문화를, 보수는 독주와 오만의 문화를 낳는다. 이번 4·10 총선은 이를 그대로 보여줬다. 이번에는 대통령의 오만함을 심판한 것이지만 앞으로는 여야 가릴 것없이 죄악을 심판할 것이다.

 축시

그대를 봄이라 하고 봄이라 부른다

황학주 시인

　어디서는 지금 차갑고 하얀 백설이 쌓이고 고드름이 어지럽게 눈앞을 가리리

　그러나 저기 다가오는 여명, 그대는 보았고 그대는 품었다 많은 죽음의 도시를 지나 신생의 푸릇푸릇한 초원에 그대의 집을 지어라 거기 주님이 머무실 수 있게

　가슴의 고동은 빛으로 뛰는 것, 작은 그대가 빛이니 아침을 기다리는 어둡고 헐벗은 자의 창가에 한 점 아침을 열어라 그대를 보는 주님의 가슴도 뛰리

　어리고 작은 시간들로 내일을 만드는 자여, 들은 대로 말하

고 전하라 시간이 끝나기 전에. 그중에 제일은 사랑이니 사랑의 사랑을 다해 사랑일 수 없는 곳까지 사랑을 다하여

언제 어디서나 꽃을 주는 사람이 되자, 별을 주는 사람이 되자, 등불이 없는 외로운 사람에게 가서 하나뿐인 사랑이 되자, 마른 가지처럼 죽은 자가 깨어 새잎을 내는 생명의 정원사가 되자

사랑이신 주님의 이름을 부르며 주님을 위해 울 수 있는 작은 그대가 되어라 심령이 가난한 자가 되어라 그대는 해밀리의 한 떨기 빛이며 하나님의 어여쁜 선물이니 이제 그대를 세상의 봄이라 하고 봄이라 부른다

차례

황성주 인터내셔널드림스쿨 교장 　'문제 해결 능력' 가진 성경적
　　　　　　　　　　　지혜의 사람 키우고 싶다　2
황학주 시인　　그대를 봄이라 하고 봄이라 부른다　14

강예찬 하늘나무　미국 연수로 느끼는 나의 성장 일기　18
김선우 인내하는　처음 가는 해외 여행의 추억　38
김애린 사랑하는　난생 첫 해외 연수　50
김진영 빛나는　길은 조금씩 뚫리고　60
김혜규 조이　주님께 다시 한 걸음씩　80
류나라 변화되는　많은 게 기억에 남아요　92
류세라 낮아지는　이 모든 것, 내 소유가 아닌 주님의 것　98

류예라 하나님의 은혜 절대 감사로 물들여진 삶을 위해 130

류하라 함께하는 미국에 다시 가고 싶다 144

윤태준 도전하는 하나님이 주신 편안함 속에서 156

이상연 넓은 정말 기분 좋고 상쾌한 느낌 164

이은찬 찬양하는 내가 본 그랜드 캐니언 170

정시온 살리는 더 큰 세상을 향해 나아가겠습니다 184

조은빈 새로운 주님으로 마음 속을 가득 채우며 200

조은찬 빛이되는 똑같은 날이지만 새로운 느낌으로 230

황성주 박사의 미국 연수 감사 제목 249

강예찬 하늘나무

미국 연수로 느끼는
나의 성장 일기

 나는 내 신앙심에 의문을 갖고 있었다. 내가 원할 때만 주님을 찾는데 이게 맞는지 많은 생각이 들었고 모태 신앙인지라 교회를 가고 싶어서 가는 것이 아니라 그냥 가는 것이었다. 가서 설교도, 찬양도 잘 듣지 않고 집중도 하지 않았다. 하지만 이번 미국 연수로 내 삶이 바뀌었다. 어떻게 바뀌었는지 날짜별로 알아보자!

3월 10일

 미국에 온 첫날이자 손에 꼽을 정도로 기도를 많이 했던 날이다. 처음 미국 여행이라 너무 떨리기도 했고, 혹시 있을지 모를 멀미에 대한 기도, 가서 아프지 않고 잘 지내게 해달라는 기도를 많이 했다. 하지만 정작 주님을 마음에 두지 않고 필요

할 때만 찾는 기도를 드렸다. 그리고 이날을 기점으로 하루마다 감사 일기를 썼고, 이 날 감사 내용은 나를 위한 기도 내용이었다.

3월 11일

그랜드 캐니언에 가서 박사님의 강의를 들으면서 풍경을 봤다. 그랜드 캐니언을 처음 봤을 때 자연적으로 이런 광활한 풍경이 생긴 것에 신기했다. 위에 층이 깎여 있는데 그건 노아 홍수 때 생긴 것이고, 아래층은 천지창조때 깎인 것을 알게 되었고 주님의 위대함을 생각하게 되었다. 그래도 미국 연수에 온 이유는 주님을 만나기 위함이 아니라 단지 관광 목적으로 왔다고 생각했고, 이날 기도도 나를 위한 기도 내용이었다.

3월 12일

유타주 호텔에서 브라이스 캐니언, 브라이스 캐니언에서 콜로라도 호텔로 가고, 저녁을 먹기 위해 ILI 훈련센터도 가는 등 많은 경험과 예쁜 풍경을 봤지만 이때도 주님 생각을 하지않고 관광 목적으로만 미국 연수를 생각했다. 마침 주에서 주로 넘어가야 하기에 이동할 때 힘들었다. 그냥 앉아서 가는 나도 이렇게 힘든데 운전하시면서 가시는 선생님들은 얼마나 힘드실까 라는 생각이 들었다. 감사 일기에 선생님들이 힘들게 도와 주시는데 이걸 당연히 여기지 않고 언제나 감사하는 마음을 갖게 해주셔서 처음으로 내가 아닌 남을 생각하며 감사 기도를 올렸다. 그리고 황성주 박사님 강의 내용 중에 주님이 기적을 만드시지만 타당한 이유가 있어야 행하신다는 말씀 내용이 엄마를 떠오르게 했고, 엄마가 아프셨지만 그 계기로 주님과 더 가깝게 되어서 몸이 괜찮아지신 걸 생각하면서 주님에 대한 생각이 깊어지고, 주님과 더 가까워지는 하루가 되었다.

3월 13일

황성주 박사님이 절대 감사에 대한 강의를 해주셨는데 감사를 하면 몸에 좋고, 정신 건강에 좋다고 말씀하셨다. 그냥 형식적으로 하신 말씀이라고 생각하고 깊게 생각하지 않고 넘겼는데, 이때 1.0~4.0 감사 애기를 하실 때는 나도 언젠가는 4.0 감사를 할 수 있는 날이 올까? 라는 생각이 들었다.(1.0 감사=좋은, 2.0 감사=연약함, 3.0감사=힘듦과 육성, 4.0 감사=남들에게 영향을 주는) 나는 고작 2.0 감사인 연약함에 관한 기도와 감사를 했기 때문에 저런 생각이 났던 거 같다.

그리고 황성주 박사님이 25가지 감사를 요구하셔서 25가지 감사를 쓰게 되었는데, 25가지 감사를 쓰면서 내 인생을 돌아보니 주님이 다 뜻을 담으시고 행하신 거 같다는 생각을 했다. 왜냐하면 엄마가 아프신 걸로 인해서 내가 더 성숙해지는 계기가 됐고 축구 대회에서 떨어진 것도 축구에 더 몰두 할 수 있게 도와주신 거 같아서 놀라웠다. 이날 감사는 좋은 선생님과 좋은 장소를 주셔서 감사하다고 썼다.

3월 14일

강의 시작 전 예배 때 회개기도를 드렸는데 지은 죄가 많은지 눈물이 났다. 저번에 교회 수련회를 갔을 때 목사님께서 주님이 응답을 주실 때 눈물로 주신다고 하신 게 기억이 나면서 주님께 응답 받은 거 같아서 내가 달라졌다는 것에 뿌듯했고, 기도하면서 눈물을 흘린 게 처음이기에 더 특별했다. 그리고 박사님 강의 내용 중에 주님은 스토리 메이커시며, 모든 만남과 만남의 순서를 디자인 하신다는 말씀을 해주셨을 때 소름이 돋았다. 듣는 순간 어제 25가지 감사를 쓰면서 느꼈던 걸 설교 말씀으로 들으니 소름이 돋은 것이다. 눈이 많이 와서

ILI 훈련센터까지 눈밭을 걸어갔는데 그때 머리가 아프고 걷기도 싫었지만 주님을 찾으며 기도했다. 마음이 편안해지지는 않았지만 힘든 마음을 기댈 곳이 생겨서 잘 도착한 거 같다. 이 날 감사로는 박사님을 통해 좋은 말씀을 주셔서 감사하다고 썼다.

3월 15일

많은 강의와 간증을 들었는데 기억에 남는 걸 말해 보자면, 윤학렬 감독님이 미디어의 영향으로 사람의 마음이 바뀐다고 말씀해주셨다. 예로 시리아 난민에 대해서 사람들이 무관심했는데 바다에 휩쓸려 죽은 시리아 난민 아이의 사진이 기사로 실리면서 시리아 난민에 대한 정보를 많이 알게 되었다는 것이다. 미디어의 힘은 굉장하다고 느꼈고, 미디어를 구별하는 법을 배운 만큼 나만이 아니라 다른 사람도 알려줘야 겠다는 생각이 들었다. 다음으로 서윤 님(하늘빛님) 간증 내용에서 남에게 감정 표현을 못하는 것과 남을 도와주는 것이 내 의지인가? 아니면 보여주기 느낌인가? 라는 질문을 던져주셨다. 이 문제를 나눌 사람이 없었는데 마침 동료의식이 생겨서 말씀을 드렸다. 서윤 님이 잘 들어주시고 본인 이야기를 더 해주셔서 내 고민이 해결이 되고 힘들 때 말할 수 있는 사람이 생겼다는 것과 말할 사람이 없어도 주님께 기댈 수 있는 마음을 주신 것과 내가 이렇게까지 주님과 가까워졌다는데 놀라웠다. 이날 기도는 서윤 님의 간증에 대해서 기도를 드렸다.

3월 16일

크리스천이 운영하고 있는 인앤아웃 버거를 갔다. 미국에서 제일 잘 나가는 버거집이어서 기대를 하고 갔고, 매장에는 사람이 엄청 많았다. 버거 맛은 패티에 맛이 더 잘 느껴지고, 내가 평소에 싫어했던 채소들도 맛있었다. 훈련 센터로 오는 길에 차 4대가 다 눈에 빠졌다. 꿈쟁이들이 ILI 훈련 센터로 걸어가게 되고 나는 남아서 차 빼는 일을 하게 되었는데 그때 주님께 이 추운 날씨에 이런 고난을 주시냐고 묻기도 했지만 절대 감사를 했다. 다행히 차 4대를 무사히 빼고 훈련 센터로 돌아갈 때 추운 날과 눈이 옴에도 편하게 귀환하게 해주신 주님께 감사를 드렸다. 이런 고난에도 감사를 드릴 수 있게 성장한 나를 보며 이 학교에 오길 잘했다고 생각했다. 기도는 나와 함께 차를 타신 분들을 보내 주셔서 감사하다고 썼다.

3월 17일

며칠 전부터 준비했던 요셉 연극을 하게 되었다. 다른 조는 리허설을 많이 했지만 우리 조는 리허설을 1번 하고 마지막 순서로 나가게 되었다. 얼마 맞춰보지 못했음에도 다들 너무 잘 해주어 만족했고, 적은 배역이었지만 다들 내 대사를 기억해 준 게 너무 좋았다. 준비하면서 성경을 더 볼 수 있는 기회를 주셔서 성경에 대한 고정관념이 깨지는 계기가 되어 좋았다. 시편 23편을 암송하게 되었는데 잘 외웠다고 생각하고 나갔지만 너무 많이 틀려서 힘들었지만 틀렸기에 암송할 때 더 열심히 보게 되고 박사님이 하신 말씀이 생각이 났다. 빨리 외우면 그만큼 빨리 사라지고 천천히 외우면 그만큼 오래 남는다고 하신 게 기억이 났고, 미키라는 분의 간증을 통해서 어떤 시련이 와도 주님을 믿고 따르면 속도가 느리든 빠르든 이겨 낼 수 있다는 걸 알게 되었다. 이날부터 하루 목표를 정하기 시작했고, 그리고 매일 매일 성경 읽기를 시작했다. 이날 기도는 간증 내용처럼 나도 포기하지 않고 주님을 섬길 수 있게 해달라고 기도를 했다.

3월 18일

잭과 브라이언이라는 이스라엘에 관해서 영화를 만들고 있는 분들에게 현재 이스라엘에 대한 상황과 다른 사람들의 시각을 들었다. 요즘 사람들이 이스라엘을 주님이 버리셨다고 하고 무관심하다는 걸 알게 되었고, 차성도 박사님의 창조 과학 강의를 미디어로 들었는데 노아의 홍수때 어떻게 물이 많이 찼으며, 홍수 이후에 수명이 줄어든 이유를 알게 되었다. 그 이유는 오존층 전에 물층이라는 것이 있었고, 그 물층이 사라지면서 그 많은 물이 나올 수 있게 되었다는 것이다. 오존층과 같이 단파(나쁜 자외선)를 막아준 물층이 사라져 노아의 홍수 이후에 수명이 줄어든 것이다.

그리고 링컨이 흑인 노예들을 해방시키기 전에 사람들에게 기도를 해달라고 부탁하며 함께 기도했다는 사실에 링컨 대통령이 대단하다고 느꼈다. 왜냐하면 링컨 대통령 같이 높은 자리에 있더라도 겸손하게 주님에게 의지한다는 게 너무 멋있었기 때문이다. 이날 기도는 이스라엘에 대해서 사람들이 관심을 갖게 해달라고 기도를 했다.

3월 19일

존 목사님에게 간증을 들었다. 존 목사님이 태어난 곳이 인디안 쪽이었고, 그 마을은 사람을 죽이기 위해 헤드 헌터라고 불리며 살인 기술만을 전수하며 배우는 곳이었다. 하지만 한 명의 선교사로 인해서 그 부족이 주님을 믿게 되고 그 부족이 다른 부족에게 전도를 하며, 그 부족 언어로 성경을 만들기 위해 신학 공부까지 하는 아이가 됐던 것과 헤드 헌터에서 하트 헌터로 바뀌는 과정을 말씀해주셨다. 이걸 들으면서 나는 그 한 명의 선교사가 부족을 바꾸고 그 지역을 바꾸게 되었는데 모세처럼 주님이 사용하시는 한 사람이 되고 싶다고 느꼈다. 기도를 할 때 다른 꿈쟁이들이 은혜 받은 것을 보고 그냥 넘겼는데, 쉬는 시간에 캘리포니아에서 온 이수정 선생님과 내 과거에 대해서 얘기 할 때부터 너무 힘들게 마음 한편에 넣어둔 상처를 처음으로 말할 사람이 생겼다는 것을 알게 되었고, 나를 위해 수정 선생님이 기도를 해주시고 본인 얘기를 해주시며 공감을 해주셨다. 힘들 때 이 기도를 주님께 드리고 본인이 없더라도 주님에게 하라는 걸 듣고 위로 받는 계기여서 너무 좋았다. 이걸로 주님에게 내 힘듦을 고하며 위로를 받을 수 있게 되었고, 이날 기도로는 나에게 수정 선생님을 주셔서 감사하다고 기도하였다.

3월 20일

예배 시작 전에 나라에 대해서 기도하는 시간을 갖게 되었는데 우크라이나 앞에서 기도를 할 때 너무 눈물이 많이 나왔다. 그때부터 우크라이나를 마음 속에 섬기기로 결정했고, 박

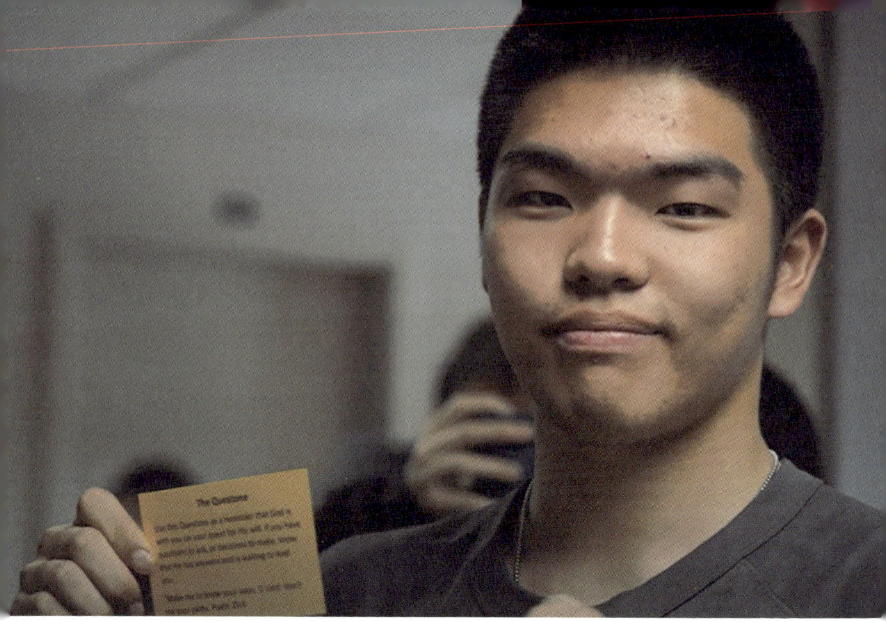

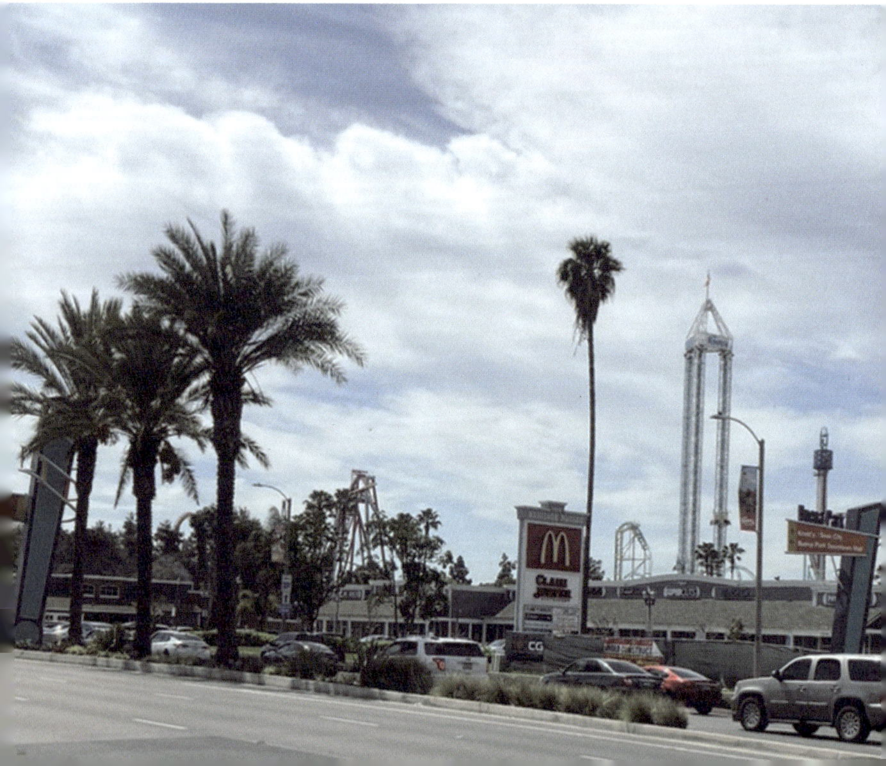

사님의 간증에서 하나님은 현명한 자를 사용하지 않으시고 어리석은 자를 사용해서서 현명한 자들에게 무안을 주신다고 하셨으며, 사람이 알고 있는 지식은 한정적이고, 성경에는 신학뿐만 아니라 과학, 정치와도 관계가 되어 있다고 하셨다. 이날 간증과 함께 색소폰 연주를 듣게 되었는데 영화 블루자이언트가 생각나면서 너무 좋은 경험이었고, 10-40 창에는 아직 주님을 알지도 만나지도 못하고 지옥에 가는 영혼들이 있다는 것을 알게 되었다. 그 분들을 위해서 기도를 시작하게 되었다. 그리고 IDS 자치회를 할 때 나의 행동으로 상연(넓은) 님의 마음이 상할 뻔 했지만 예라님이 대처를 잘 해주어서 잘 해결하고 오히려 상연 님에 대해서 더 잘 알게 되는 계기를 주셔서 감사하다고 기도를 드렸다.

3월 21일

새벽에 콜로라도에서 켄자스 주까지 갈 때 일주일에 24시간을 20년 동안 계속하고 있는 기도회를 보게 되었다. 거기 악기 소리와 보컬 분들 덕분에 기도를 오래는 못 드렸지만 은혜를 받은 거 같아서 너무 좋았다. 조셉 목사님과 목사님 교회에서 오신 분들이 예언 기도를 해주셨는데, 나에게 무거운 짐이 있고, 그걸 지혜롭게 해결하면 리더가 될 수 있다고 하셔서 기분이 좋았지만 말씀대로 아직 무거운 짐을 버리기엔 시간이 필요하다고 느꼈다. 그리고 기도를 해주신 분이 우크라이나에서 의료물품이나 생필품을 나눠주시는 빅터라는 목사님에게 기도를 할 수 있게 기회를 주셔서 주님께 너무 감사하고 이런 만남을 주셔서 정말 감사했다. 우크라이나에 대해 기도한 지 며칠 안됐는데 이런 순간을 주신 주님은 정말 대단하시다고 느꼈다. 이날 기도는 작은 나에게 좋은 경험을 주셔서 감사하다고 기도했다.

3월 22일

켄자스에서 CEF로 가게 되었다. 나라 님의 실수로 소방관이 숙소로 출동하게 되었는데, 좋은 이유가 아니더라도 꿈에 그리던 미국 소방관을 보게 해주셔서 너무 기뻤다. 그리고 CEF 총재 님 집에 가서 맛있는 밥을 먹고 간증을 듣게 되었다. 먼저 미국 미드웨스트 대학 총장 님의 간증인 과테말라에 대한 내용이 있었는데, 몇십 년 전에 과테말라는 모두 총을 들고 다니고, 차에 선팅을 하지 않은 사람이 없었으며 한국인들이 돈이 많다는 소문이 돌아서 보이는 한국인마다 돈을 뺏고

죽였다. 그랬던 과테말라가 지금은 아무도 총을 안 들고 다니고 범죄가 줄어들었다. 왜 그랬나보니 전에는 인구 중에 기독교가 25%였는데 지금은 45~50%가 되었기 때문이라는 간증 내용이 기억이 나고, CEF 총재님이 내 삶이 아니라 주님의 삶을 살아야 한다고 말하신 걸 듣고 내가 주님의 삶을 살고 있나 생각해봤는데, 난 내 삶을 살고 있었다. 회개를 하고 주님의 삶을 살기로 작정했다. 이날 기도는 내 삶이 아니라 주님의 삶을 살 수 있게 도와 달라는 기도였다.

3월 23일

박사님께서 저녁에 미국 느낌이 나는 음식점에서 밥을 사주셨다. 맛있게 스테이크를 먹으며 농구를 보니 진짜 미국에 온 걸 실감했고, 음식의 맛도 괜찮았고, 불멍을 하면서 찬양을 드렸는데, 꿈쟁이들을 보면서 은혜를 받으며 여기 오길 너무 잘했다고 생각했다. 밥을 먹고 미국 와서 처음으로 운동을 하게 되었다. 평소에 운동하다가 못하게 되었는데 다시 하게 되어서 너무 좋았다. 방으로 돌아가보니 문이 고장나 12시까지 다른 방에 있다가 원래 방으로 돌아가게 됐다. 그럼에도 주님께 지금이라도 열어 주셔서 운동하고 씻고 옷을 갈아 입을 수 있게 해주셔서 감사하다고 기도를 올렸다.

3월 24일

아침에 갈보리교회에 가서 특송을 하고 예배를 드리게 되었다. 갈보리교회 찬양도 너무 은혜롭고 처음과 끝에 기도 시간이 있어서 좋았다. 그리고 처음 보는 분이더라도 다가가서 그분은 영어로, 나는 한국어로 기도하며 은혜를 나누었고 설교가 영어여서 힘들었지만, 어느 정도 아는 단어로 해석을 해서 이해를 하게 도와주신 주님께 너무 감사했다.

H마트에 밥을 먹으러 가야해서 다 기도를 못하고 나왔지만 아쉬움이 커야 더 여운이 많이 남기에 그 마음을 두고 밥을 먹게 되었다. 한식이고, 너무 오랜만에 먹는 음식들이 많아서 속으로 쾌재를 불렀다. 그리고 콜로라도 마니토 스프링스에서 첫 노방 전도를 하게 되었는데, 지나가는 노숙자 분에게 가서 요한복음 영어 버전을 드리고 수정 선생님이 통역으로 도와주셨다. 캘리포니아에서도 일요일에만 하는 맛있는 빵집에 빵을 사고 커피를 사서 그분에게 드렸고 엄마가 주신 십자가도 드리고, 기도를 해드렸다. 첫 노방전도를 하기 전에 아무에게도 전도 못해도 괜찮으니 이런 기회를 주신 주님께 감사하다고 기도

했는데 이렇게 첫 전도에 한 영혼을 주신 주님께 감사하고 프랭크라는 분이 빨리 차편을 찾아서 덴버로 가셨으면 좋겠다. 이날 기도는 프랭크 님에 대해서 드렸다.

3월 25일

정승진 부회장 님이 오셔서 간증을 해주시며, 영어를 잘하는 방법과 미국에서 한국인이 왜 정치에 도전하게 되신 건지 설명해주셨다. 간증이 끝난 후에 맛있는 바비큐를 사주시고 월마트에 가게 되었다. 거기서 아빠가 좋아하는 농구 팀 티셔츠도 사고 예쁜 레이어드 셔츠를 사서 흐뭇했다. 훈련 센터로 돌아와 미국 연수 글을 쓰고 밤을 새고 공항으로 향했다. 가기 전에 수정 선생님에게 커피와 빵값과 편지를 드리고 얘기를 주고받으며 미래에 만날 날을 기대했다. 힘들었지만 그럼에도 은혜도 많이 받고 주님과 가까워지는 계기가 돼서 너무 값졌다.

김선우 인내하는

처음 가는
해외 여행의 추억

　안녕하세요 저는 인내하는 김선우입니다. 저는 해외를 처음 갑니다. 일단 미국 에어프레미아를 타고 LA에 도착했습니다. 도착하여 제일 맛있고 유명하다는 조선옥에 간다기에 설레고 신났습니다. 다른 꿈쟁이들이 와서 불고기 전을 먹었고, 이롬 회사에서 캐리어를 제대로 차에 두고 이롬 간판 앞에서 다 같이 모여 기념사진을 찍고 이제 콜로라도 ILI로 갑니다.

　도중에 그랜드 캐니언을 가 다같이 사진 찍고 기념품을 사러 간다해서 너무 설레었습니다. 사진 찍으니 여기 온 보람이 있었습니다. 기념품을 사러 갔는데 실수로 돈을 안 챙겨서 못 사고 보기만 했습니다. 너무 예쁜데 돈 안 가지고 온 게 무척 후회됐습니다. 그래도 도전하는 태준 님이 ILI 가면서 마켓에 들려 콜라를 사준다기에 기분이 좋아졌습니다. 이제 점심 먹어야 하는 시간이라 패스트푸드를 먹으면서 콜라를 먹어봤는데 탄산이 없는 새로운 맛이여서 감사했습니다.

    이제 다시 ILI로 출발합니다. ILI 센터가 너무 멀어서 중간의 호텔에서 하룻밤 머무르려고 갔습니다. 수영장이 있어서 9시부터 10시까지 수영하고 숙소로 가서 씻고 자고 일어나서 아침 조식 후 차를 타고 자이언 캐니언을 가 버스 타고 위로 올라 다니면서 사진 찍었습니다. 외국 분들과 소통하며 되게 잘 물어봐 주던 예라 누나가 고맙고 감사했습니다.

    이제 다른 호텔로 가서 새벽 4시부터 차를 타고 별을 보러 갔는데 한국에선 볼 수 없는 아름다움이었습니다. 그리고나서 차를 타고 ILI로 또다시 달립니다. 점심이 되어 햄버거를 먹으려고 봤는데 너무 맛있어 보여서 사진 찍었는데 잘 찍혀서 간직할 겁니다.

    드디어 ILI에 도착하였는데 공기가 좋고 산이 아름다웠습니다. 멋있었습니다. ILI 센터에 들어가서 이로미안 분들에게 인사하고 밥을 먹었는데 한식 밥을 오랜만에 먹어서 훨씬 맛있었습니다. 햄버거만 먹다 한식 먹으니 기분이 좋았습니다. 포켓볼 치는 걸 봤는데 꿈쟁이들이 잘 쳐서 멋있었습니다. 강당에서 예배드리고 호텔에 2박 3일 동안 더 지내야 한다고 해서 밤

에 차를 타고 5분 거리에 호텔로 갔습니다.

 도착하자마자 폭설이 와서 호텔안으로 들어갔습니다. 따듯해서 좋았습니다. 아침에 눈이 쌓여서 눈사람을 만들고 호텔 메인에서 감사 나눔을 해서 감사했습니다. 어제 피곤해서 까먹고 그냥 잤는데 숙제를 안 해서 감사 나눔이 조금 어려웠지만 말씀도 영어로 읽는 걸 듣고 봐서 감사했습니다. 다시 ILI 가려했는데 눈이 엄청 쌓였고 초등학생들 먼저 가다가 눈에 차가 막혀 못 타고 걸어갔습니다. 그때 중고등학생들은 과자랑 음료를 사러 마트를 가는데 너무 추웠습니다. 이제 중고등학생들이 갈 차례입니다. 차가 빠져서 걸어가는데 눈이 얼어 길이 미끄러웠고 넘어졌습니다. 그래도 눈이라 덜 아팠습니다. 가서 진짜 맛있는 밥을 먹었습니다. 포켓볼도 치고 짐도 옮겼습니다. 김정남 선교사님 밝은 님 좋은 님 유키에 님들과 알게 되었습니다. 4박 5일 동안 예배하고 공부하고 밥도 맛있게 먹었습니다. 눈이 많이 와서 밖에 못 나갔습니다. 아침마다 사슴 봐서 기분이 상쾌합니다. 연극을 했는데 관객 분들이 재밌게 봐주셨습니다. 2팀이 있었는데 상금이 있어 어디가 더 잘했는지 투표했고 동점으로 양 팀 다 50달러를 받았습니다. 찬양하고 암송하고 많은 일이 있었습니다.

 갑자기 교회 가서 합창한다길래 연습하고 기분 좋게 가려했는데 녹은 눈이 진흙으로 바뀌어 차가 못 빠져 나갔습니다. 짜증나고 아쉬웠지만 주님의 뜻이 있다고 생각하였습니다. 다시 ILI로 복귀해서 예배하고 볶음밥을 먹었습니다. 라면도 먹고 싶었지만 참았습니다. 그날 밤은 꿀잠을 잤습니다. 원래 잠이 안 왔는데 고생을 해서 그런지 잘 잠들었습니다. 오늘은 밖

에 나가서 눈으로 뭐 만들라고 하셔서 이글루 만들었습니다. 이번엔 미주리 주를 간다 하셔서 12시간 차를 타고 덴버 근처 기도원에 가서 기도를 드리려고 했습니다. 차를 오래 타서 그런지 중심도 안 잡히고 어지러워 기도하는 게 쉽지 않았습니다. 이제 덴버 주변에 사시는 선교사님의 집에 방문하여 새벽에 치킨을 먹고 선교사님 이야기를 들었습니다. 암이 있으시다 하셨습니다. 너무 슬펐습니다. 더 하나님의 사역을 하셨으면 좋겠는데 그래서 기도하시는 시간에 열심히 기도를 했습니다. 꼭 나으시면 좋을 거 같습니다.

이제 하나님 사역을 하시는 박사님 지인 선교분들의 집에서 6시간만 자고 미스 대학교를 가서 판다 익스 프렉스를 먹고 강의 간증 듣고 앞에 나가서 찬양하고 미스 대학교 간증 강의해 주신 분을 위해 기도해 드렸습니다. 이어서 아이 홉에 갔는데 거기는 기숙사 학교이고 되게 발전돼 있었습니다. 거기서 일하시는 한국 총장님의 방에 가서 찬양하고 호텔을 갔는데 거기가 총장님이랑 관련 있어서 똑같이 하나님을 믿는 걸 아시고 공짜로 방을 주셨습니다. 어린 친구가 실수로 빨간 버튼 눌러서 소방차가 왔는데 잘못한 거라고 해명하니깐 다시 돌아갔습니다. 다음부턴 조심합시다. 이제 총장님 집에 가서 저녁식사를 했는데 너무 맛있었습니다. 하나하나 고급지고 그리고 거기서 일하는 분들께 주님을 전해서 좋았습니다.

이제 호텔 가서 헬스하니깐 땀이 있어서 씻고 자는데 오랜만에 운동해서 그런지 몸살이 나 잠을 잘 못 잤습니다. 한 쪽 다리가 엄청 아파서 울 거 같았는데 참고 갈보리교회까지 가서 감사합니다. 갈보리교회에서 합창하고 예배드려서 너무 좋았습니다. 이제 점심시간이라 한아름 마트 가서 떡볶이 가락국수 김밥 초밥 치킨덮밥을 먹었는데 너무 맛있었습니다. 거기가 한식집이라 한국인들이 많아서 너무 반가웠습니다.

황성주 박사님이 맛있는 음식을 많이 사주셔서 감사합니다. 이제 노방 전도를 하는데 너무 어지러워서 같이 못 가고 차에 있었습니다. 그래서 전도할 때 조심하고 전도가 성공하게 해달라고 기도했습니다. 무사히 돌아오는 걸 보고 기뻤습니다.

ILI 센터로 다시 돌아갑니다. 가서 2일 후에 한국을 갑니다. 거의 1일 남았는데 가는 당일 월마트 가서 옷을 사서 감사합니다. 다른 바비큐랑 좀 다른 바비큐를 먹었는데 고급진 맛이었습니다. 다음에 또 먹고 싶습니다. 포켓볼 대회를 했는데 예선 탈락을 했습니다. 너무 억울했습니다. 왜냐면 5 대 3으로 이기고 있었는데 마지막 순간에 역전당했기 때문입니다. 그런데 패

자부활전이 생기면서 도전하는 님이랑 팀이 됐고 거기서 이겨 우승했습니다. 50달러를 받았습니다. 너무 행복했습니다. 이제 새벽 2시입니다. 한국으로 갑니다. 갈 때 차가 안 빠져서 감사합니다. 한국에 도착했습니다.

김애린 사랑하는

난생 첫 해외 연수

3/13-14

 오늘 아침 8시에 인천공항에 갔다. 대략 2시간 정도가 걸렸다. 그리고 인천공항에 도착해서 캐리어, 짐을 두고 점심을 먹고 티켓을 받고 비행기에 탑승했다(1시 50분). 비행기 좌석에 앉았다. 그리고 영화를 보고 기내식도 먹었다. 피곤해서 잤다. 대략 12시간 정도가 소요돼 로스앤젤레스 국제공항에 도착했다. 그리고 캐리어를 찾아서 가져갔다. 그리고 또 캐리어를 두고 덴버 행 비행기를 탔다. 거기서 디즈니 영화를 보다가 곤히 잤다. 대략 2시간을 가서 덴버 공항에 도착했다. 다시 짐을 찾아서 햄버거를 먹었다. 그리고 차를 타 우드랜드로 갔다. 모두가 반갑게 맞이해 주고 밥을 먹었다(저녁). 그리고 아빠와 호텔로 갔다. 방은 나라, 진영 언니, 세라 언니, 나였다. 얼른 씻고 놀다가 잤다.

3/15

아침에 일어나 일과 준비하고 조식을 먹었다. 와플, 주스, 빵을 먹었다. 그리고 영어로 성경을 읽고 컵라면, 과자도 먹었다. TV를 보다가 다시 우드랜드로 가는데 차가 눈길에 빠져서 걸어갔다. 한 4번을 미끄러져서 넘어졌다. 겨우겨우 우드랜드에 도착하고 몸부터 따뜻하게 녹였다. 밝은 님께서 핫쵸코, 떡볶이, 김밥을 주셨다. 그리고 처음으로 사슴을 봤는데 너무 귀여웠다. 방은 나, 시온 언니, 나라, 세라 언니였다. 이제 샤워를 하려는데 찬물만 나오고 물이 적다고 들었다. 그래도 내일 하기 귀찮아서 그냥 했는데 영하 100도에 있는 기분이었다. 겨우 겨우 샤워를 마치고 잠을 잤다.

3/16-17

아침에 일어났는데 꽁꽁 얼어 있는 기분이 들었다. 얼은 옷을 입고 내려갔다. 거기에 생식이 놓여 있었다. 난생 처음 먹어보는데 역시나 맛이 없었다. 하지만 먹다보니 괜찮았다. 그리고 윤학열 감독 님께서 미디어 강의를 해주셨다. 영상도 보여

주시고 기도도 드렸다. 그리고 찬양을 부르고 미지 쌤, 서윤 쌤의 강의를 들었다. 그리고 성경도 읽고 강의 노트와 소감문, 일정표도 썼다. 오늘 서윤 쌤께서 연극을 하신다고 해서 구성, 역할, BGM을 정하고 연습했다. 연습을 좀 하고 스토리 바이블을 마저 읽고 강의를 들었다.

3/18

오늘 늦잠을 잤다. 원래 6-7시에 일어나는데 8시에 일어났다. 빨리 아침 식사를 하고 강의실로 가서 바이블 타임 시편 23편을 외웠다. 그리고 시편 23편을 앞에 나가서 낭독하기도

했다. 그리고 영어로도 외웠다. The L… 뭐였더라… 1-2편만 외웠다. 다른 건 너무 어렵다. 연극 연습도 마쳤다.

3/19

오늘 연극 당일이다. 연극하기 전 공룡박물관에 가서 화석도 보고 뼈도 보았다. 그리고 상점에서 귀여운 인형을 샀다(나무늘보). 이름은 치코이다. 계산을 하고 우드랜드에 갔다.

3/20

오늘 황 박사님께서 강의 후 밖에서 눈으로 작품 같은 걸 잘 만든 사람은 상금이 있다고 해서 만들었다. 우린 십자가를 만들었는데 나중에 다 녹아 버렸다.

프로그램

찬양과 경배, 비전 특강, 인물 독서, 독서 토의 및 활동, 생각 나누기, 골든벨, 바비큐 파티, 선물 나눔.

3/23

오늘 회의를 했다. 사실 내일 여행갈지 온천갈지 결정을 하는 것이었는데 그냥 여행을 가기로 했다.

3/24

오늘 여행을 가는 날이다. 짐을 싸고 출발했는데 12시간이 걸린다고 해서 뇌정지가 왔다. 얼른 정신을 차리고 차에 탔다. 점심은 맥도날드에서 먹었다. 그리고 레몬 사탕도 먹고 아이엠그라운드도 했다. 그리고 밤에는 잤다. 새벽 1시에 도착해 기도의 집에서 기도를 드리고 통닭도 먹었다. 그리고 숙소도 정해졌는데 나, 예찬 오빠, 은찬 오빠2, 상연 오빠, 나라, 선현 쌤이다. 졸려서 얼른 씻고 잤다.

3/25

아침에 정해진 차를 탔는데 4시간 밖에 못 자서 잠을 잤다. 잠깐 자다가 일어났는데 다시 잤다. 그리고 도착했다. 유명한 총장 님을 만나서 기분이 좋았다. 그리고 점심도 먹고 찬양도 불렀다. 총장 님 말씀도 들었다. 그리고 차를 타고 호텔로 갔다. 거기에 짐을 두고 어린이 전도협회에 가서 구경을 하고 왔는데 거긴 12주 동안 훈련을 받는다고 한다. 아무튼 구경을 하고 호텔로 가는데 카드 키가 없어서 문여는 버튼인 줄 알고 화

재경보기를 눌러 버렸다. 엄청난 소리가 났다. 고막이 터질 것 같았다. 헐 이런? 소방관이 와서 안절부절 못했다. 그런데 경보기만 꺼주시고 가셨다. 화난 기색없이 웃으며 가는 게 소방관들에게 너무 죄송했다. 그리고 2층으로 올라가서 감사를 나누고 마태복음을 읽으며 나는 무슨 밭인지 생각도 해보았다.

3/26

오늘 아침에 일어나 짐을 싸고 차로 갔다. 한 10시간을 갔다. 점심은 처음 먹어보는 서브웨이에 갔는데 소스가 너무 맛있었다. 밥을 다 먹고 다시 차를 타 덴버호텔에 갔다. 도착해서 짐을 두고 저녁을 먹으로 갔다. 햄버거만 먹다가 다른 음식을 먹어서 너무 행복했다. 그동안 먹은 햄버거가 싹 다 내려가고 천국에 와 있는 기분이었다. 스테이크, 마카앤로니, 닭고기를 먹었다. 완전 최고였다!!! 그리고 캠프 파이어에서 찬양을 불렀다. 기분이 너무나도 좋았고 감사도 나누 썻고 마쳤다.

3/27

오늘 아침 짐을 두고 갈보리교회에 갔다. 거기서 특송을 하고 기도도 했다. 예배를 마치고 한아름마트에 가서 밥을 먹고 마니토 스프링스에 가서 전도를 하고 풍선도 나눠줬다. 기분이 좋았다. 캠프를 마치며 쓰고 감사도 나누고 새벽 2시에 비행기를 타 귀국, 해외 연수를 마쳤다.

김진영 빛나는

길은 조금씩 뚫리고

　이번에 IDS에서 첫 해외 연수로 미국을 가게 되었다. 미국은 처음이라 많은 기대를 안고 있었지만 비행기 이동 시간이 길어 힘들기도 하였다.

　도착하자마자 첫 난관에 부딪쳤다. 영어를 알아듣지 못하여 입국 통과를 시켜주지 않았던 것이다. 다행이 무사히 잘 빠져 나왔지만 한국에서만 살 계획이니 영어공부를 하지 않아도 되겠다고 생각했던 내 자신의 생각이 변화되는 순간이었다.

　LA에 도착하자마자 우린 점심으로 한식을 먹고 이롬에 방문하여 간단 예배와 사진을 찍고 바로 12시간 차로 이동을 하여 플레그스테프에 위치한 숙소로 갔다. 난생 처음보는 이동 시간이라 많이 그것도 매우 당황스러웠지만 어찌저찌 당일날 도착하여 하룻밤을 지냈다.

다음날, 또 이동이다.

우리는 이날 그랜드 캐니언을 방문하였다. 도착해서 딱 보니 진짜 이게 실제로 있는 환경인가 싶었다. cg라고 의심 될 정도로 너무나 아름답고 믿기지 않는 광경이 펼쳐졌기 때문이다. 그곳에서 박사님의 짧은 강의를 들으며 이 그랜드 캐니언이 밑에는 천지를 창조하셨을 때 만들어진 것이고, 그 위에 층층이 쌓인 결이 보이는 산들은 노아의 홍수로 인하여 약한 땅은 휩쓸려 내려가며 일어난 현상이라는 것을 알게 되었다. 진화론자들은 이 현상이 고생대부터 몇 억 년 동안 깎여져 온 것 이라고 주장하는 것 또한 알게 된 시간이었으며, 하나님의 창조물을 내 두 눈에 담았고 직접 보게 되었다는 것이 믿기지 않는 순간이었다. 그 후 우린 그랜드 캐니언 댐 브릿지로 이동하여 다리를 건너며 두 개의 산 사이에 흐르고 있는 작은 강 길을 감상했다. 댐으로 인하여 물이 흐르지 않는 그랜드 캐니언 댐 브릿지. 이 두 산 사이에 댐으로 인하여 잔잔하게 흐르는 물결을 보며 마음이 안정되었고 왜인지 모르게 위로를 받게 되는 순간이었다.

이후 우린 새로운 숙소로 가게 되었다. 그 숙소에 수영장이 있음을 알고 우리 IDS 꿈쟁이들과 함께 재미있는 시간을 가지게 되었다. 우린 즐거운 시간을 가졌지만 우리의 부주의함과 안일한 생각이 선생님께 영향을 미쳤다는 소식을 듣고 좀 더 성숙하게 판단하고 언니답게 행동해야겠다고 생각하게 되었다.

다음날 03. 12. 새벽.

우린 새벽같이 숙소를 나와 차로 별을 보러 이동하였다. 새벽부터 이동해야 한다는 스트레스와 이렇게나 피곤하게 움직여야 하는 일정으로 인하여 우리 모두 예민해져 있었다. 그러나 박사님은 그런 우리를 위해 계속해서 많은 것을 보고 경험하라며 직접 나서서 우리를 이끌어 주었다.

우리가 별을 보러 (자이언 네셔널 파크)로 가는 길에 입구와 출구가 나누어져 있는 곳이 있었다. 이때 입구가 막혀 접근하지 못하여 난감해 하던 도중 박사님이...!! 출구 쪽으로 들어가 (자이언 네셔널 파크) 안으로 들어가셨다. 이 모습을 보고 박사님은 보통 분이 아니시구나, 우리를 위해 이렇게 까지 해주시는구나 라고 생각하며 약간의 충격을 받기도 하였다.

우여곡절끝에 우린 (자이언 네셔널 파크)에 도착하였다. 차에서 내려 하늘을 보는데 셀 수도 없이 크고 작은별들이 반짝였다. 매우 빛나는 별, 조금 희미한 별. 각각의 색깔이 살짝씩 다른 수 많은 별들이 우리의 눈 앞에 펼쳐졌다. 우린 하늘에서 눈을 뗄 수가 없었다. 이 별들이 지금 당장이라도 우리에게 떨어질 것만 같았다. 우리 모두 밤하늘을 오랜 시간 감상하고 싶었지만, 잠시 후면 우린 또 다른 일정이 있어 이동해야 했기에 다들 별들을 감상하느라 바빴다. 이 별들을 보며 박사님은 이것 또한 하나님이 창조하셨다는 것을 우리에게 알려주셨다. 이 경험을 통하여 무수히 많은 별들을 창조하신 하나님께 존경과 경의로움을 표현하게 되었고, 내가 이것을 볼 수 있음에, 이것을 창조해 주심에 너무나도 감사하였다.

그 이후 눈 속에서 아름다운 일출을 보고 브라이스 캐니언을 방문하였다. 그랜드 캐니언과는 또 다른 느낌이 들어 놀랐다. 나는 같은 캐니언이라는 단어가 붙어서 비슷한 광경이 펼쳐질 줄 알았다. 하지만 완전히 다른 광경이었다. 그랜드 캐니언은 색감이 다양한 느낌이 들고 다채로운 색감을 사용하여 수채화로 그린 듯한 느낌이 들었다면 이건 스티커를 붙여 풍경을 꾸민 느낌이 들었다랄까…?

등산을 하며 더 가까이 더 깊게 브라이스 캐니언 산 하나하

나에 더 집중해서 보고 느낄 수 있었다. 하지만 우리에게 등산을 할 수 있는 시간은 적었고, 브라이스 캐니언을 더 느낄 수도 없이 떠나야 해서 아쉬웠다. 이 후 다이너 소어 휠에 방문해 공룡의 화석이 있었던 자리를 보았다. 그 곳에서 공룡 시대에 사람이 공존하며 살았다는 것에 대하여 박사님에게 한 번 더 강의를 듣게 되었고, 당시의 풍경을 떠올릴 수 있게 되어 좋았다.

그리고 이날 드디어 콜로라도 주를 첫 방문하게 되었다.

숙소에 가서 하룻밤을 잠시 지낸 후 우린 ILI에 방문하였다. 중간에 가는 길을 잘못 들어서 처음으로 사슴을 가까이에서 볼 수 있는 경험을 하였다. 이후 우린 오랜만에 미국에서 한식을 먹었는데 진심 천국을 방문한 느낌이 들었다. 나뿐만이 아니라 다른 친구들 모두 그랬을 것이다. 밥을 먹고 ILI 센터를 둘러보고 박사님의 절대 감사 강의를 들으며 매사에 감사하며 살아야겠다고 생각하고 다짐했으며 절대 감사의 중요성과 이것의 힘에 대해 알게 되는 시간을 가졌다. 이후 저녁, 다시 숙소로 돌아가는 길에 눈이 오기 시작하였다. 오랜만에 보는 눈이라 반가웠다. 하지만 이것이 우리에게 얼마나 큰 재앙일 줄은 그땐 우린 몰랐다. 숙소에 들어가 잘 준비를 하며 창밖을 보는데 입자가 굵은 눈송이들이 정말 많이 떨어지고 있었다. 이 눈 때문에 우린 내일 아침에 ILI에 돌아가는 일정을 소화할 수 없었다. 우리가 자고 있는 사이에 엄청난 양의 눈이 왔고 그로 인하여 숙소에 꼼짝 없이 갇힌 상황이 된 것이다. 하지만 절대 감사!

나는 이것 또한 한국에서는 겪을 수 없는 하나의 경험이라고 생각하며 이 상황을 즐기고자 하였다. 길은 조금씩 뚫리고 하나 둘 우리 꿈쟁이들을 데려다 주었다. 우리가 마지막 팀 이었고, 그 전에 먼저 이동했던 친구들은 조금은 눈길을 걸어야 했다. 그렇지만 우리는 시도해 보자 하는 마음에 차를 타고 끝까지 가 보자하였고 우리 모두 한 마음으로 안전하게 목적지에 도착 할 수 있도록 기도하였다. 기도 응답이 이렇게나 빠른 것이었나? 우린 눈 속에 바퀴가 빠지지 않고 길을 지나왔다. 하나님이 우리를 지켜주신 것이다. 하나님께서 기도에 대한 응답을 주셔서 너무나도 감사했다. 이후 우린 콜로라도 ILI 센터에서 남은 일정을 소화하고, 이곳이 우리의 숙소가 되었다.

콜로라도 ILI에 오고 난 후 다음날 우린 이곳에서 박사님의 강의들을 들으며 하루를 보냈다.

03. 16. 토요일.

아침에 기상해 평소같이 열정적으로 찬양과 예배를 드린 후 요셉 이야기를 다같이 읽은 후에 이 이야기를 바탕으로 연극을 하게 되는 기회를 가지게 되었다. 각 조끼리 한 팀을 이루고, 요셉 이야기 중 한 섹션을 정하여 그 섹션에 대한 대본과 연극 스토리를 만드는 활동을 하게된 것이다. 우리 모두 연극이 처음이다. 그렇기에 극 스토리를 정하는 과정과 배역을 정하는 과정 속에서도 사소한 다툼이 계속하여 발생하였다. 그러나 하나둘 씩 양보하고, 모두 함께 대본을 쓰며 점점 우리 조가 담합하고 있는 것이 보였다. 첫 연극 준비이고 첫 대본 작성, 첫 무대 세팅 등 모든 것이 처음이어서 내가 잘 하고 있는 건지 의심하고 또 의심하였지만 각자의 의견을 말하며 모아지는 의견들과 그 의견들이 하나의 길을 만들어서 뿌듯한 시간을 보낸 것 같다.

이 활동 이후 우리는 미국에 위치한 또 다른 센터인 킹덤드림스쿨을 방문하게 되었다. 가는 도중 한국에는 있지 않은 '인 앤 아웃' 버거에 가서 버거를 먹는 시간을 가졌다. 인 앤 아웃 버거는 기독교인이 만든 프렌차이즈 점이고 적은 개체수의 프렌차이즈 점을 운영하고 있지만 맥도날드보다 몇 배 더 많은 수익을 얻고 있다는 이야기와 한정된 기독교인 분들에게만 버거를 판매하고 있다는 말씀을 들었다. 이 말은 왠지 거짓말 같다는 느낌을 받았다. 인 앤 아웃 버거는 매우 신선했다. 냉동식품을 쓰지 않고 직접 감자를 썰어 감자 튀김을 만든다는 것과 버거에 들어간 각 채소들은 모두 신선한 상태를 유지하고 있다는 것을 느꼈다. 이익만을 위한 것이 아닌 이 음식을 접한 사람들에게 패스트푸드를 긍정적으로 생각하게 만드는 음식 같다.

 이후 우린 킹덤드림센터에서 멋지고 아름다운 풍경을 접할 수 있었다. 그것도 아주 다양한 방면에서 사계절을. 이 센터는 그 위대한 것을 누릴 수 있는 것이다. 산으로 둘러싸여 있어 좋은 공기를 마실 수 있고, 넓은 마당을 뛰어다니며 건강 운동 할 수 있는 것이다. 이 시간 우리 모두 킹덤드림센터에서 감사를 나누는 시간을 가지게 되었다. 이곳에 거주하는 분들과 좋은 인연을 만들어가며 다같이 찬양하고 기도하며 마무리하였다. 이제 ILI에 돌아가는 상황. 차를 타고 떠나려고 했는데 아뿔싸, 차 바퀴가 눈에 빠졌다. 절대 감사!!!

 덕분에 눈에 빠진 차를 밀어내며 새로운 경험을 하게 되었다.

김진영

03. 17. 일요일.

이날은 우리가 미국에 와서 첫 주일 일요일을 맞이하는 날이다. 첫 주일인만큼 조금 더 신경써서 찬양을 준비하고 예배하는 시간을 가졌다.

설교 시간 전에 우리는 모두 모여 시편 23편을 암기했다. 버벅이고 암기한 것을 많이 뽐내지 못하여 아쉬웠지만 이것이 나의 실력이라고 생각하며 더욱 노력해야겠다고 다짐하였다. 예배를 드리고 연극 연습을 했다. 오늘 연극을 발표하는 날이다. 이틀만에 연극 준비를 하고 발표를 하게 되어 당황스러웠지만 진짜처럼 리허설 하는 시간을 가지고, 우리 조원들끼리 피드백 등을 하며 점점 완성도를 높여갔다. 이날 우린 ILI에서 모두 함께 모여 바비큐 파티를 하였다. 리허설 때문에 조금 늦게 먹어 음식이 식어 아쉽긴 했지만 모두 함께 모여 음식을 먹으며 즐거운 시간을 보냈다. 밥 먹은 후, 연극을 발표하는 시간이 되었다. 우리 팀 모두 떨리고 잘 할지 걱정되었지만 다들 열심히 노력하고, 최선을 다했기에 좋은 결과가 있었다. 양팀 모두 다 극을 잘 마친 것 같아 기분이 좋았다.

3. 18. 월요일.

이날 우리의 일정은 ILI 근처에 있는 공룡박물관을 방문하는 것이다. 꿈쟁이들과 함께 화석을 보며 정말 거대하고, 사람들은 이 각각의 뼈를 어떻게 맞추어 이 공룡의 형태를 만들 수 있는지 궁금증이 들었다. 동시에 이 뼈들을 조립하여 새로운 모양의 동물을 창조하는 작업이니 이 직업이 얼마나 힘든지 생각해보며 대단하다는 존경심이 생기게 되었다. 박물관을 돌아다니며 공룡의 이름도 알아보고 화석 발굴 작업을 하는 직원들도 관찰하며 보냈는데, 가끔 공룡 화석의 이름을 찾지 못하는 경우가 생겨 아쉽기도 하였다.

3. 20. 수요일.

이 날 ILI에 많은 강사님이 방문하여 우리에게 다양한 말씀과, 인생 스토리를 전해주시며 하나님이 얼마나 위대하신 분인지, 각자 어느 위치에서 어떤 방식으로 주님을 섬기고 있는지에 대해 강의를 해주셨다. 가장 기억에 남는 것이 몇 개 있다. 연세가 쫌 있으신 할아버님의 섹소폰 연주. 아름다운 악기 소리로 사람들의 마음을 움직이며 복음을 전하시고, 미국 정치인들에게 하나님의 말씀을 전달하고, 함께 기도해 주시는 (앤드

슨 목사님)분의 강의 중 인간들의 지식은 한계가 있고, 하나님의 지식은 우리와 비교도 할 수 없을만큼 무안하고 넓고 위대하다는 것을 말씀해 주신 게 정말 인상 깊었다. 한국 IDS에 와서도 계속해서 그 말씀을 기억하며 되세기는 것을 보면 이 말씀이 나에겐 큰 마음의 울림이 왔던 것이 아닐까 하는 생각이 든다.

3. 21. 목요일.

우린 ILI를 잠시 동안 떠나 다른 주로 이동하게 되었다. 오랜만에 장거리 이동으로 인하여 난 많은 걱정을 하였다. 하지만 걱정한 것과는 달리 어느새 장시간 이동에 익숙해진 내 모습을 보게 되고, 정말 적응력이 빠르구나 라는 생각을 하게 되었다. 이동하면서 박사님의 인생 스토리도 들으며 즐겁고 유익한 시간을 보내고, 전 세계인들을 위해 교대로 24시간 동안 기도하는 교회도 방문하였다. 전 세계인들을 위해 기도하여 감동을 받게되고, 나도 그 교회에서 내가 아닌 이 세상을 살아가는 남들을 위해 기도를 하는 시간을 가졌다.

이날 저녁 우린 아이홉 숙소에서 하룻밤을 지내게 되었다. 우리가 쓰게 된 집은 오랫동안 사용하지 않았던 곳이라 많은 먼지와 으스스한 분위기 속에서 자야 하는 상황에 놓였다. 그렇지만 이 곳에서 하루만 지낼 수 있음에 감사하자 라고 생각하였다.

3. 22~5.

다음날, 우린 미드웨스트 대학에 방문하였다. 미드웨스트 대학은 리더십을 기르는 대학으로 많은 교수 분들과 정치하는 사람들이 다니고, 다녔던 대학이라고 하셨다. 이 대학은 리

더십의 중요성, 필요한 이유와 사용 등등을 알려주고 길러주는 학교로 유명하다. 나도 리더십을 키우고 사람들을 이끌어가는 그런 리더가 되고 싶고, 다른 사람들에게 좋은 영향력을 주는 사람이 되고자 하는 마음이 생기게 되었다. 이후 우린 CEF 협회를 방문하여, CEF(세계어린이협회)에서 어떤 일에 중점을 두는지, 복음을 전하기 위해 어떤 교육을 하는지, 같은 또래 친구가 복음을 전하면 어떠한 영향력이 있는지에 대해 소개 받으며 학교 투어를 하게 되었다. CEF 협회 일정을 마무리 한 후 미주리 주를 방문하기로 하여 하룻밤을 보내게 된다. 미주리 주에서 저녁을 먹고 다같이 모여 찬양을 하며 즐거운 시간을 보내고 다음날 우린 콜로라도로 돌아가 미국 일정을 마무리 한다.

김혜규 조이

주님께 다시 한 걸음씩

　불안함을 가득 안고 시작했던 미국 연수가 벌써 끝이 났다. 솔직히 이번 여행은 너무 힘든 시간이었다. IDS라는 공동체를 내가 받아들이기까지 너무나도 힘들었기에, 시작부터 나는 이 공동체에 대한 부정적인 감정을 가지고 시작했다. 새로운 사람을 만나는 걸 싫어하고, 익숙하던 생활에서 벗어나는 것을 정말 싫어하는 나에겐 미국 연수와 IDS는 엄청난 도전이었고, 시련이었다. 미국에서의 첫날이 아직도 생생하게 기억 난다. 오랜 비행을 마치고 공항에 내려서 짐을 찾고 난 뒤 잠시 대기 시간이 있었다. 그전에는 너무 정신이 없어서 생각할 겨를이 없었는데, 잠시 시간이 생기자 내가 정말 내 원래 삶에서 멀리 떠나왔단 걸 느꼈다. 참을 수 없이 두렵고 불안했다. 지금이라도 여기를 벗어나고 싶었다. 그렇지만 야속하게도 비행기에서 내린 후부터 우리의 일정은 쉬지도 않고 바로 시작되었다. 15시간 정도의 긴 이동 시간을 보내고 기진맥진해서 호텔에 도착했을 때, 내 마음은 삐뚤어 질대로 삐뚤어져 있었다. 나를 이곳에 보내신 부모님과 하나님이 원망스러웠다. 내가 왜 도대체 이런 고생을 사서 해야 하는지, 시간을 되돌릴 수만 있다면 뭐라도 할 수 있겠다 싶었다. 이때의 내가 절대 감사의 힘을 몰라서 감사하지 않았던 게 아니었다. 나는 분명 감사하는 게 얼마나 중요하고, 유익한지 알고 있었다. 그렇지만 일종의 반항처럼 감사하려고 하지 않았다. 마치 내가 어린애가 된 것처럼 그냥 짜증만 나고 펑펑 울고 싶은 마음이 들었다. 그랜드 캐니언을 보러 가도, 맛있는 걸 먹어도, 친구들과 재밌게 놀아도, 원망하고 싶은 마음에 형식적이고 껍데기 뿐인 감사밖에 나오지 않았다. 이맘때 내가 쓴 일기를 보면 내 복잡한 심경을 조금이나마 알 수 있다. "이제 그냥 받아들이고, 새로운 마음가짐으로 시작해 보자고 백 번 다짐해도 그게 나한텐 너무 힘들다. 많이 외롭고 불안하다. 다른 친구들은 지금쯤 재밌게 학교 생활 하면서 공부도 열심히 하고 있을 텐데, 나만 여기서 도태되고 있는 느낌이다. 주님께 의지하면서 모든 아픔을 내어드리고 싶은데, 그러고 있는 줄 알았는데, 그게 쉽지 않은가 보다. 불평만

해서 주님께 죄송하다. 근데 이번엔 주님의 인도하심을 온전히 믿기가 너무 힘들다. 주님 제게 믿음을 주세요. 절대 감사하게 도와주세요. 내일은 더 나아지게 도와주세요." 일기에서 알 수 있듯 나는 주님의 이끄심과 계획하심을 의심하고 있었다. 지금까지 나를 인도하신 주님을 또 부정해 버린 것이다.

그렇게 힘든 나날들을 지내다가 윤학렬 감독님과 청순한 님, 하늘빛 님의 간증을 듣게 되었다. 선생님들은 각자의 어두

웠던 날들을 나누고, 그 곳에서 자기를 인도해 내신 주님의 역사하심을 나누셨다. 주님께서 그분들의 인생을 인도하셨고, 결국 하나님의 일을 하게 하셨다. 간증을 듣고 문득 주님은 지금

나를 보시면서 어떤 마음일지 궁금해졌다. 도대체 왜 주님은 나를 이곳으로 부르셨을까? 내가 주님을 처음 만난 고1 소명 캠프 때가 생각이 났다. 그때 나는 주님께서 내가 느끼지 못하는 순간에도 언제나 나와 함께 하셨고, 그래서 연약한 우리가 할 수 있는 것은 주님의 힘을 구하고 주님을 붙드는 것뿐이라고 고백했었다. 나는 그때 너무나도 연약한 상태였고, 지금도 그렇다. 근데 나는 연약한 존재임에도 주님의 뜻을 구하고 붙들기는커녕 내 생각과 내 감정에 빠져서 또 주님을 잊어버리고 말았다. 내 인생을 되돌아보면서 힘든 순간들마다 주님께 기도하면서 주님의 따스함과 곁에 계심을 느끼던 순간들이 머릿속을 지나쳐갔다. 생각해 보니 주님께서 사랑하는 자녀를 계획도 없이 이 낯선 땅에 보내셨을 리가 없었다. 나는 또 주님의 크신 계획을 의심해 버린 것이다. 그날 이후로 나는 절대 감사에 한 발짝씩 나아가기 시작했고, 주님께 다시 한 걸음씩 다가가기 시작했다. 불평은 꼬리에 꼬리를 물어서 더욱 마음을 불안하게 만들고, 다른 불평을 낳는다. 하지만 어떠한 상황에서도 '절대 감사'를 외치면 이상하게 불편하던 마음도 가라앉는 경험을 할 수 있다. 힘든 상황을 편하게 절대 감사로 넘겨버리면 되는 것이다. 감사하지 않더라도 그냥 눈 꼭 감고 절대 감사를 외치면 주님께서도 흐뭇해 하시는 기분이 든다. 그렇게 나는 절대 감사의 힘을 믿으면서 일정을 소화하기 시작했다.

마음가짐의 변화가 시작되니 내 상황도 달라지기 시작했다. 감사할 것들은 넘쳐났고, 주님의 크신 팔이 나를 안보하신다는 믿음이 생겼다. 드디어 주님이 나를 이곳에 부르신 이유 중 하나를 알게 되었다. 감사의 힘을 알게 하시려는 것 같다. 비록 시작은 절대 불평으로 시작했지만, 끝은 절대 감사로 끝나게 하신 주님께 무한히 감사드리면서 앞으로 나의 삶 속에서도, 절대 감사의 가치를 잊어버리지 말고 항상 감사하면서 살아가길 소망한다. 마지막으로 미국 여행 전체 25 감사하고 마무리하고 싶다.

*

1. 나를 IDS에 불러주셔서 감사합니다.
2. 미국에 안전하게 도착하게 해주셔서 감사합니다.
3. 그랜드 캐니언, 브라이스 캐니언, 자이언 캐니언 등 경이로운 풍경을 감상하면서 주님의 존재하심을 느끼게 해주셔서 감사합니다.
4. 길었던 이동 시간의 불편함을 감사로 돌파하게 해주셔서 감사

합니다.
5. 이동 할 때 차에서 보았던 예쁜 노을과 풍경들 감사합니다.
6. 언제나 사랑의 마음으로 저희를 보살펴 주신 박사님과 선생님들께 감사드립니다.
7. 부족한 모습도 보듬어주면서 사랑과 웃음을 준 IDS 친구들에게 감사합니다.
8. 나를 향한 크신 계획이 있음을 알게 하신 주님께 감사드립니다.
9. 이곳에 보내주신 부모님께 감사합니다.
10. 여러 선교사님들과 목사님들의 간증, 말씀 들음으로 주님의 비전이 나의 비전이 되길 소망하게 해주셔서 감사합니다.
11. 항상 맛있는 밥 준비해 주셨던 사모님들께 감사드립니다.
12. 아무나 할 수 없는 경험 미국 땅에 와서 하게 해주셔서 감사합니다.
13. 갈보리교회에서 감동되는 예배 드리게 하심에 감사합니다.
14. 미주리 주 여행 가서 새로운 경험 하게 하심에 감사합니다.
15. 처음과 마지막을 예쁜 눈과 함께 해서 감사합니다.
16. 미국에서 주님을 찬양하게 하심에 감사합니다.
17. 목사님과 선교사님들과 선생님들께 기도 받고 축복받고 사랑 받아서 감사합니다.

18. 미국에 있는 동안 주님께서 나의 주인 되어 달라는 기도 제목 가지게 하심에 감사합니다.
19. ILI 라는 좋은 숙소에서 지내게 해주셔서 감사합니다.
20. 사슴 등 여러 동물 가까이서 봐서 감사합니다.
21. 마니토 스프링스에서 노방 전도 하게 해주셔서 감사합니다.
22. 선교에 대한 마음 주셔서 감사합니다.
23. 모두 많이 아프거나 다치지 않고 잘 지내서 감사합니다.
24. 언제 어디서나 함께해 주시는 주님께 감사드립니다.
25. 한국 돌아가는 길 안전하게 지켜주셔서 감사드립니다.

류나라 변화되는

많은 게 기억에 남아요

2024. 3. 10. 일~3. 27. 수

그랜드 케니언에서 인형을 산 게 기억나요. 예쁜 풍경을 본 게 기억나요. 박사님이 50달러짜리 물건을 사주 신 게 기억나요. '수' 선생님이 칭찬을 해 주신 게 기억나요. 새벽에 많은 별들을 본 게 기억나요. 눈이 펑펑 온 게 기억나요. 항상 사슴들을 본 게 기억나요. 맛있는 밥을 먹었던 게 기억나요. 공룡박물관에서 화석을 본 게 기억나요. 미국 사람들에게 전도한 게 기억나요. 미국 사람들이 착한 것과 도마뱀을 본 게 기억나요. 맥도날드를 자주 먹은 게 기억나요. 박사님이 그랜드 케니언에서 인형을 사 주신 게 기억나요. 호텔에 수영장이 있었는데 발만 담근 게 기억나요. 미국 고양이가 귀여운 게 기억나요. 월마트에서 귀여운 인형을 산 게 기억나요. 미국에서 예쁜 목걸이를

산 게 기억나요. 차가 잠복된 게 기억나요. 호텔에서 모르고 화재 경보기를 누른 게 기억나요. 비행기가 좋은 게 기억나요. 거인 선생님이 오신 게 기억나요. 서현 선생님이 착해서 좋았어요. 감사합니다. 마사오 샌새가 포켓볼 알려 주신 것 감사합니다. '수' 선생님이 안아 주신 것 감사합니다. 김현우라는 애가 반말을 한 게 기억나요. 아침마다 생식을 먹은 게 기억나요. 갈보리교회를 간 게 기억나요. 간증을 들을 때마다 잠이 온 게 기억나요. 미국 선생님들이 착한 게 기억나요. 그랜드 캐니언을 보고 미국이 진짜 크다는 것을 알게 되었어요. 차에서 항상 잔 게 기억나요. 미국에서 제일 유명한 햄버거를 먹은 게 기억나요. 요셉 연극을 한 게 기억나요. 많은 사고를 쳤는데 다 받아주신 게 기억나요. 티티체리 영화를 본 게 기억나요. 콜로라도를 간 게 기억나요. 날씨가 엄청 추웠던 게 기억나요. 스테이크를 먹은 게 기억나요. 미국 선생님들이 칭찬을 해 주신 게 기억나요. 일정들을 많이 쓴 게 기억나요. 많은 것들을 배운 게 기억나요. 미국 사람들이랑 얘기한 게 기억나요. 춥지만 밖에서 활동을 한 게 기억나요. 미국 가기 전에는 안 가고 싶었는데 막상 가보니 좋았어요.

류세라 낮아지는

이 모든 것,
내 소유가 아닌 주님의 것

　하나님, 지금 미국으로 향하는 비행기 안입니다. 저를 이곳 가운데 불러주시니 감사합니다. 주님의 인도하심에 따라 여기까지 왔습니다. 주님의 계획하심, 선하신 뜻 아래 순종하며 나아가길 원합니다. 주님, 미국에 도착하고 또 해외연수 중 떠나는 마지막 날까지 주님께서 저희의 주인이 되시고, 저희를 이끌어 주세요. 제가, 또 우리 공동체가 주님보다 앞서지 않길 원합니다. 사단 마귀 틈타지 못하게 보호하여 주시고, 모든 일정 가운데 성령님 함께 하여 주셔서 저희 꿈쟁이들이 많은 것들을 보고 느끼고 체험할 수 있는 귀한 시간이 되게 해주세요. 특히 이번 해외 연수를 통해 하나님의 살아계심과 역사하심을 체험할 수 있게 하여 주시옵소서. 예수님의 이름으로 기도드립니다. 아멘.

미국으로 출발하는 비행기에서 적었던 기도이다. 지금은 미국에서의 마지막 날이고 돌이켜 보니 연수 기간은 살아있는 기도 응답의 산물이었다!

3월 10일

미국에 도착하고 가장 먼저 있었던 일이다. 카라반을 타고 이곳저곳을 이동한 뒤 저녁으로 먹으러 맥도날드에 들어갔다. 그곳에서 어떤 백인 할아버지께 황성주 박사님께서 말을 거셨다. 그렇게 나와 예라도 합류해 같이 얘기를 나누고 보니 그분은 노숙자셨고, 미국에 대한 또 이 지역의 문제들을 자세히 설명하시는 것으로 보아 똑똑하신 분이셨다. 그런데 우리가 예수님을 전했을 때 자기는 예수님이 필요 없다고, 예수님은 우리의 욕구에 따라 맞춰진 것이라고, 이것이 자신이 깨달은 진리라고 하셨다. 진짜 속상했다. 황성주 박사님께서 그래도 기도해 주고 싶으시다며 기도해 주시는데 예수님의 마음이 생각이 나 눈물이 났다. 그렇게 축복송도 불러 드리고 시간이 날 때 교회 가보시라는 말을 전달하고 햄버거를 먹는데 예라의 표정이 좋지 않고 햄버거도 먹지 않았다. 대충 그 할아버지 때문이라

고 예상했다. 햄버거를 먹고 예라와 어두워진 밖으로 나와 한 나무 아래 잘 보이지 않는 곳에서 이야기를 나눠보니 그 할아버지와 같은 사람들이 미국 땅에 가득한데 예수님께서는 얼마나 마음이 아프실까 라는 생각과 함께 추수할 것은 많은데 일꾼이 없는 상황에서 우리는 지금 앉아서 햄버거나 먹고 있나 라는 말을 들었다. 그 말을 듣고 나도 잠깐 잊고 있었던 그 할아버지의 모습과 미국 땅에 이와 같은 수많은 영혼들을 향한 예수님의 애통한 마음이 함께 느껴졌다. 그렇게 서로의 마음을

나눈 후 같이 눈물로 기도하는 시간을 가졌다. 이후 카라반을 타고 숙소로 이동하며 조용히 기도했다. 차에서는 이땅의 황무함을 보소서, 라는 찬양이 흘러나오고 있었고, 그 할아버지를 위해 계속 기도해야겠다는 마음이 들었다. 이번 해외 연수는 이렇게 시작되었다.

3월 11일

연수 초반은 자연 경관을 통해 하나님의 살아계심을 경험하는 시간이었다. 가장 먼저 방문했던 캐니언은 성경 말씀이 진리 되심을 깨닫는 계기였다. 그랜드 캐니언의 지층을 보면서 천지 창조와 모세 홍수로 만들어졌다는 설명을 들었다. 가장 인상 깊었던 말씀 중 하나는 옛날 원주민들이 홍수가 일어날 당시 기록해 놓은 기이한 기록들을 보면 정말 홍수가 실제로 일어났었다는 증거가 된다는 것이다. 안 믿는 사람들에게 그랜드 캐니언은 그저 3억 년 전에 우연히 만들어진 것이고, 믿는 사람들에게는 하나님 말씀의 산 증거이다. 성경이 진리임을 깨닫도록 하심에 감사함과 동시에 이 사실을 알지 못하는 대부분의 사람을 향한 안타까운 마음이 들었다.

3월 12일

이후 7시간 동안 다음 목적지로 이동하였다. 이날 새벽에 일찍 일어나 수많은 별을 보는 시간을 가졌다. 높고 끝없이 펼쳐진 하늘에 수많은 반짝이는 별들을 보니 인간의 유한함과 하나님의 높고 위대하심이 느껴졌다. 이후 거의 10시간의 이동 시간이 이어졌다. 운전해 주시는 분도, 차에 탄 아이들도 지치는 시간이었는데 거의 도착할 즈음 남은 여정을 안전하게 지켜주시길 기도하는 시간을 가졌다. 그 기도가 더 번져가 계속 이어지는 은혜의 시간이 있었다. 이때 붙잡던 말씀이 예레미야 33장 3절 "너는 내게 부르짖으라 내가 네게 응답하겠고 네가 알지 못하는 크고 은밀한 일을 네게 보이리라."이다.

이 말씀을 붙잡고 부르짖으며 나에게 보이실 크고 은밀한 일을 소망하는 시간이었다.

3월 13일

콜로라도에 도착하고, woodland에 들어왔다. 이날 처음으로 사슴을 보았고, 절대 감사 강의를 통해 많은 것을 깨닫고, 배우고 결단하는 시간을 가졌다. 삶을 예배로 드리는 방법이 감사하는 것이라는 것을 알게 되었고, 또 감사는 문제 해결 능

력을 향상시켜 어떤 문제든 해결할 수 있게 한다는 것을 통해 감사의 사람이 되는 것의 중요성을 깨달았다. 또한 감사할 때 가장 이상적인 심장 박동으로 돌아오고 건강을 회복한다는 것도 알게 되었다. 이 배움들을 통해 감사하는 삶을 정말 실천해야겠다고 결단하였다. 이것을 이루기 위해서는 내 소유가 아닌 주님의 것이라는 생각과 자극이 오는 대로 본능적으로 반응하지 않고 내 자아를 날마다 죽이며 거룩하게 반응해야 한다는 생각을 했다. 하나님의 살아계심과 합력하여 선을 이루신다는 믿음으로 불평과 나의 죄성, 상처들까지도 감사로 나아갈 수 있는 내가 되고 싶다고 생각하는 귀한 시간이었다.

3월 14일

어젯밤에 내리기 시작한 눈이 아침이 되도록 계속 내리고 있었다. 눈보라가 치고 눈이 허리까지 쌓여있는 풍경이 보였다. 처음 보는 광경에 놀람과 설렘으로 마음이 부풀던 것이 아직도 기억난다. 폭설로 인해 결국 호텔에서 ILI까지 이동하지 못하고 갇혀 있는 상황이 되었다. 그렇게 이동하지 못하고 호텔에 있는 동안에 조끼리 모여 회의도 하고, 호텔 앞에 쌓여있는 눈도 치우고, 차 바퀴에 체인을 채우려고 했다. 현지 미국인까지 동원해서 애써봤지만 알고보니 체인 치수가 맞지 않아서 바퀴에 채워지지 않았다는 것을 알고 웃음이 나왔다. 점심으로 선생님들이 근처 마트에서 사오신 라면과 치킨을 먹고, 평생 감사 제목 25가지도 적고, 함께 눈을 맞으며 먹을 과자와 음료도 사오는 시간을 가졌다. 폭설로 일정이 마비된 상태였는데, 오히려 함께 정말 어디서도 경험하기 어려운 값진 경험을 하게 된 것이다. 이후 ILI로 출발하기 위해 2개의 팀으로 나누어 각기 차를 타고 순차적으로 이동했는데, 우리 앞 팀은 차가 눈 속에 빠져서 무릎까지 오는 눈을 뚫고 1시간 가량 남은 길을 걷는 바람에 모두가 동상에 걸리며 고생했다는 소식을 전해 들었다. 그래서 따뜻하게 껴입고, 눈길을 걸을 준비를 하고 출발한 뒤, 계속 주님의 이름을 부르며 고비마다 차가 빠지지 않도록 간절히 기도했다. 그랬더니 정말 신기하게 그 기도에 응답받아 한 번도 눈길을 걷지 않고 무사히 ILI까지 도착하였다. 사소한 기도도 들어주시는 하나님의 섬세하심과 사랑을 느낄 수 있었다.

3월 15일

이날은 우리와 함께하시던 청순한 김미지 선생님, 하늘빛 김서윤 선생님의 간증과 윤학렬 감독님의 미디어 강의를 듣게 되었다. 선생님들의 이야기를 알지 못한 채 그냥 함께 했었는데 간증을 들으니 정말 하나님께서 선생님 한 분 한 분을 선택하셨다는 생각이 들고 하나님의 살아계심과 선하심이 정말 놀랍다는 생각이 드는 많은 은혜의 시간이었다.

하나님께서 정말 우리를 사랑하시고 빛으로 인도하시길 원하신다는 생각이 들었다. 사람들은 저마다 각자의 연약함과 상처가 있고, 예수님 없이는 이 세상에서 채워지지 않는 것으로 방황하는데, 이 가운데에 있을 때 하나님께서는 이들을 치유하고 만나 주실 계획을 세밀하게 세우신다는 것이 와닿았다. 하나님을 떠난 사람은 어둠과 공허와 죽음뿐이지만 이 인간을 긍휼히 여기시고 치유하고 사랑으로 보듬어 주시길 원하시는 사랑과 선하심이 감사했다. 그렇게 세 분 각자의 상황에 맞춰 하나님께서 가장 완벽한 방법으로 만나 주시고 완전히 빛과 기쁨과 소망과 새 삶으로 인도하심을 보면서 하나님은 정말 살아계시고 역사하신다는 것을 다시 한번 깊이 느낄 수 있었다. 그리고 특별히 아직도 어둠 가운데서 누군가가 살려 주길 간절히 바라는 이 세상의 청년들을 향한 하나님의 마음은 얼마나 속상하고 애통하실지가 생각이 났다. 예수님을 만나면 생명이 있는데.. 그것을 알지 못하는 모든 이들이 예수님을 만나고 잘못된 길에서 생명의 길로 돌아오는 부흥이 일어났으면 좋겠다는 생각을 했다.

또, 미디어 강의를 통해 모든 콘텐츠는 정체성이 있고, 미디어의 메시지는 교묘히 숨겨져 있다는 것을 배웠다. 마지막 시대에 미디어가 우리 청년, 청소년 세대를 붙잡고 있는데 이것이 주는 메시지는 정말 분별이 필요하다는 것을 다시 깨닫게 되었다. 나는 미디어에 이러한 메시지들이 있다는 것을 알고는 있었지만 삶 속에서 접하는 미디어를 당연하게 분별없이 받아들였다는 것을 되돌아보게 되었다. 특히 이러한 것들에 마음을 뺏겨 내 마음의 한 자리에 예수님이 거하실 수 없어 슬퍼하신다는 것이 정말 와닿았고, 내 중심을 돌아보며 다시 새롭게 회개하며 결단하였다. 하나님의 사람으로서 이러한 콘텐츠들을 거룩한 분노로 반응하는 내가 되어야겠다고 결심하는 시간이었다.

3월 16일

2개의 조로 나누어 요셉 이야기의 한 부분을 선택해서 조끼리 대본을 짜고 연극 연습을 시작했다. 조금씩 안 맞는 부분도 있었고 연극 준비 과정이 마냥 순탄치만은 않았던 것 같지만 돌이켜보니 함께 호흡을 맞추어 가는 모든 순간들이 정말 즐겁고 행복했던 것으로 미화됐다. ㅎㅎ 감사하다. 이후 눈이 어느

정도 녹아서 정말 오랜만에 in-n out 버거를 먹으러 밖으로 나갔다. 박사님 차를 타고 녹은 눈이 진흙과 섞인 험난하던 길을 슉슉 빠져나가던 것이 기억난다. 다들 신이 나 있었다. 그렇게 버거를 먹고 킹덤드림센터로 가서 하경, 주형, 주성이를 만나고 친해지는 시간이었다. 함께 마당에서 배드민턴도 치고 농구도 하고 눈 덮인 언덕에서 썰매도 탔다. 이후 헤어지기 전에 함께 미국과 그 가정 축복 기도를 뜨겁게 하고 나왔다. 돌아가는데 박사님이 치킨집이 아직 주문 가능한지 알아 오라고 하셨다. 가서 알아보니 주문 가능해서 치킨도 사서 우리 차에 탄 친구들끼리 나눠 먹었다. 우리끼리 먹다 남겼는데 박사님께서 곰에게 남은 걸 주면 된다는 말씀을 들으며 달리는데 또 눈이 오기 시작했다. 눈은 그칠 줄을 모르고, 눈 쌓인 길을 달리며 거의 ILI에 도착한 시점이었다. 갑자기 앞에 12인승 밴이 우리 앞에서 멈춰서서 전부 내려 상황을 살폈는데, 길이 얼어 밴이 눈길을 올라가지 못하는 것이었다. 그렇게 차를 민 몇몇 사람 이외에 모두가 눈을 맞으며 ILI를 향해 밤길을 걸었다. 함께 손전등을 들고 찬양하며 걷는데 든든하고 마음이 뭉클했다. 돌아와서는 몸을 녹여줄 갓 구운 바나나 케이크와 컵라면을 먹으며 몸을 녹였다.

3월 18일

 이날 들었던 창조 과학 강의를 통해 새롭게 노아 홍수의 여러 과학적 증거에 대해 알게 되었다. 그 중 가장 기억에 남는 것은 인간 수명 감소의 시기에 관한 것이다. 인간 수명은 노아의 홍수 이후 때부터 급격한 감소가 시작되는데 이것의 원인이 홍수로 인한 물층 파괴라는 것이다. 하늘의 물층이 파괴되어 해로운 광선의 침입이 증가해 인간 수명이 감소했다는 것을 알게 되었다. 기억에 남는 말씀으로는 우리가 이 시대의 노아라는 것이다. 아무리 주변인들이 손가락질해도 하나님의 사명을 꿋꿋이 감당할 사람들이 바로 우리라는 것이 와닿았다. 또 진짜 심판인 불 심판을 우리는 노아 홍수 심판으로 인해 알 수 있다는 것과 물 심판이 분명히 있었던 것처럼 불 심판도 분명히 실제적으로 다가왔다는 것에 공감할 수 있었다. 기억에 남는 말씀 중 믿음은 단지 공부하여 이해하고 동의하는 것을 넘어서서 새로 거듭나 자신의 목표와 방향, 인생과 생명까지도 온전히 맡기는 것이라는 말씀이다. 나도 그리스도와 함께 십자가에 못 박혀 죽었다는 사실을 믿으며 이것이 받아들여져야 한다는 말씀도 들었다. 이러한 말씀을 들으며 심판이 오지 않을 것처럼 매일을 살고 있는 나를 돌아보았다. 정말 예수님 다시 오실 것이고, 그 심판의 날이 얼마 남지 않았다는 사실을 되새기게 되었다. 하나님 앞에 모든 것을 내려놓을 수 있는, 그리스도와 함께 십자가에 못 박혀 내 자신은 죽어지는 삶을 살리라 고백하며 하나님 앞에 나아갔던 순간이었다.

또, 미국의 부흥을 연도별로 살펴보는 시간을 통해 하나님께서 미국을 얼마나 사랑하시는지를, 미국이 얼마나 축복된 땅인지를 깨닫게 되었다. 특히 기도함으로 회개하고 간구하는 하나님의 사람들을 통해 하나님께서 정말 응답하시고 그 기도를 크게 이루시며, 부흥을 허락하신다는 것을 정말 눈으로 보며 느끼게 하셨다. Biligram과 Bilbright 선교사님께서 한국 대학에 오셔서 C.C.C를 진행해 황 박사님께서 예수님을 믿게 되셨다는 사실이 기억에 남는다. 하나님께서 선택하신 미국의 청년들을 통해 수많은 사람들이 주님께 돌아오는 역사를 보면서, 하나님 말씀에 순종하는 한 사람의 중요성을 깨달았다.

3월 19일

이날은 인도어로 성경을 번역하신 John 목사님의 간증을 듣는 순서였다. 사람의 목을 치던 부족에게 들어갔던 요한복음의 작은 성경이 그 부족을 변화시키고 인도어로 성경을 번역해야겠다는 할머니의 무모한 도전이 주된 내용이었다. 하나님의 일이고, 하나님께서 이루고자 하시는 일이었기에 완전 불가능해 보이고 무모해 보였지만 순종함으로 나아갈 때 완벽하게 실행하셔서 결국 성경을 다 번역하고 전 세계로 복음 들고 나아가는 놀라운 역사가 이뤄졌다는 것이다. 이 강의를 들으며 정말 복음의 능력을 다시 한번 뼈저리게 느꼈다. 하나님 말씀의 위대하심을 느끼며 성경을 외우는 것의 중요성을 배웠다. 이번 기회를 통해 하나님의 말씀인 성경을 가까이 하며 정말 하나님의 음성을 들어야겠다고 결단했다. 말씀을 통해 나의 사명을 깨닫고 그 말씀에 순종해야겠다는 생각을 했다.

3월 20일

이 날은 Joy라는 분이 오셔서 미전도 종족과 10/40 창 민족들, 또 새로운 기도 방식에 대해 배우는 시간을 가졌다. 미전도 종족에 대해 이야기를 나누시며 한 번도 들어보지 못한 마을을 위해 기도했고, 예수님께서 정말 돌이키시길 원하는 한 영혼의 얼굴을 보여달라는 기도를 하는 시간이었다. 나의 삶을 살면서 하나님이 너무나도 사랑하시는 우리에게 맡기신 열방의 죽어가는 영혼들을 잊었었다. 이번 말씀을 통해 이들을 다시 생각나게 하셨다. 하나님께서 너무나도 사랑하시지만 그 사랑을 알지 못하고 어둠 가운데 있는 그들을 향해 빛 되신 예수님을 전하는 것이 먼저 구원받은, 하나님 나라의 자녀 된 나의 사명이라는 생각이 들었다. 또, 우리는 정말 약해 보이고, 지금 당장 선교지로 나아가 복음을 전할 상황이 되지 않지만 기도를 통해 하나님의 일을 행하신다는 말을 들었다. 기도를 통해 이슬람 목사님이 예수님의 환상을 보고 목사님이 된 간증을 들었다. 기도는 이루어질 수도 있고 아닐 수도 있는 것이 아니라 반드시 이뤄진다는 말씀을 들으며 이전까지 나의 믿음을 되돌아보게 되었다. 기도의 능력을 다시 깨달으며 정말 기도로 나아가는 내가 되어야겠다고 생각했다.

3월 21일

눈 때문에 외출을 하지 못하고 ILI를 벗어나지 못하는 상황이었는데 이제 woodland 를 벗어나 다른 주로 가는 3박 4일의 여정이어서 너무 기대가 됐다. 먼저 콜로라도에서 캔자스로 이동했다. 처음에는 카라반을 타고 이동하다가 박사님 차로 이동해서 그곳에서 진짜 즐거운 시간을 가졌다. 박사님께서 틀어주

신 트로트도 감상하면서 함께 웃고, 박사님의 예수님 만난 이후의 대학 시절 이야기도 듣고, 산에서 죽을 뻔하신 여러 이야기도 듣고, 앞으로 있을 선교에 대한 계획도 들었다. 박사님의 이야기를 시간 가는 줄 모르고 들으며, 정말 그 분의 일생이 예수님을 향한 열정과 사랑이라는 것이 느껴져서 감사한 시간이었다. 친구들에게 내가 터키에서 단기 선교를 하면서 만났던 영혼들에 대한 이야기도 나누는 시간을 가졌다. 그렇게 이야기하다 지쳐 잠시 잠들었다.

3월 22일

12시 땡. 내 생일이었다. 잠시 잠들었는데, 생일 축하로 잠에서 깼다. 어두운 차 안에서 비몽사몽인 상태로 듣는 생일 축하 노래를 난 아직도 잊을 수 없다. 그날의 분위기와 온도, 느낌까지 아직 생생하게 남아 있다. 아마 평생의 기억으로 남을 것 같다. 그렇게 이동하여 도착한 곳은 호텔이 아닌 국제기도의집이었다. 국제기도의집에서 365일 24시간 내내 교대로 기도 팀이 오고 가고 전 세계 사람들이 오가며 기도한다고 했다. 우리 팀도 그곳에 내려 각자 기도하는 시간을 가졌다. 새벽 1시쯤이었는데 기도하시는 분들이 몇몇 분 계셨다. 친구들에게 터키 영혼들에 대해 나누며 이들을 위해 다시 기도를 시작해야 겠다는 마음이 생겨서 터키에서 만났던 영혼들을 위해 기도하는 시간을 가졌다.

이후 가까운 선교사님 집으로 이동하여 대접해 주신 치킨을 먹고, 한 번 더 생일 축하를 받은 뒤, 그 가정을 축복하며 기도해 드리고 나왔다. 우리가 이번에 머무를 숙소는 웬 가정집이었는데 처음에 그 집 문이 열리지 않아 우리 함께 찬양하면서 문이 열리길 기도했다. 그런데 정말로 문이 찬양하는 도중에 열려 무사히 들어갈 수 있었다. 우리가 기도하면 바로 이루시는 하나님을 체험했다.

그 집은 지하까지 쓸 수 있게 되어 있는 집이었는데, 너무 춥고 무서웠다. 후딱 씻고 자려고 누웠는데 잠이 잘 오지 않아 조금 뒤척이다 어렴풋이 잠에 들었다.

아침에 추위 속에서 피곤한 몸을 이끌고 일어나 보니 우리가 시간을 착각해서 시간이 촉박한 것이었다. 빠르게 준비해 밖으로 나가 Midwest 대학으로 이동하는데 따뜻한 차 안에서 몸을 녹일 수 있어서 너무 감사했다. 창문을 잠깐 열고 달리는데 따뜻한 봄기운에 마음도 따뜻하고 밝아지는 것을 느낄 수 있었다. 가는 길에 한숨 푹 자고 일어나 보니 도착 10분 전이

었다. Midwest 대학에서 총장님의 생과 어떻게 이 대학을 미국에 세우게 되셨는지를 들을 수 있는 기회가 있었다. 총장님의 말씀을 들으면서 전에는 한국에서만 어떻게 잘 공부해서 하나님의 뜻을 이룰 수 있을까, 라는 생각이 있었는데 하나님께서는 더 큰 세상으로 나아가게 하기 위해 우리 IDS를 부르시는 것 같았다. 글로벌한 리더로 세우실 수도 있겠다는 생각이 들게 하셨다. 짜잘하지만 기도 응답이 또 있었는데 예라가 체했다고 해서 기도해 주고 마사지 해 주었는데 나았던 일도 있

었다. 이러한 사소한 모든 기도가 응답되는 것을 바로바로 보면서 하나님의 살아계심을 더 경험하고 하나님께 더 감사와 영광을 돌릴 수 있었다.

이후에 CEF라고 불리는 국제어린이전도협회로 이동했다. 이곳에서는 어떻게 전 세계 어린이들을 대상으로 이들을 살리기 위해 전략적으로 힘쓰고 있는지를 알게 되었다. 그곳에 총장님이 특별히 한국 분이셔서 그분의 집에 초대되어 맛있는 한식도 대접받고, 총장님의 말씀을 듣는 시간을 가졌다. 총장님

께서는 원래 예수님을 알지 못하셨는데 만나 달라고 하시면 바로 만나 주시고, 만나길 바라는 사람에게 꼭 만나 주신다는 것을 확인할 수 있었다. IDS 학생들도 한 명 한 명 전부 만나 주실 것이라는 생각이 들었다. 또 하나님의 계획을 알기 위해 하나님의 음성을 들어야 하고, 그것은 내 욕심과 생각을 내려놓아야 한다는 사실을 다시 깨닫게 해주었다.

오늘 있었던 일 중에 가장 큰 일은 국제어린이전도협회 숙소에서 어린 친구들이 화재 경보기인지 알지 못하고 울린 일이었다. 엄청난 소음이 호텔 전체를 가득 채웠다. 이 경보기를 끄려면 소방관 분들이 출동하셔야 해서 진짜 미국 소방관 분들이 알람을 끄고 가셨다. 소방관 분들이 산소통을 메고 오시는 걸 봤는데 정말 영화의 한 장면 같았다.

돌이켜 보면 참 잊을 수 없는 추억이다. 다양한 경험을 하게 하신 하나님께 감사했다.

3월 23일

오늘은 다음 숙소로 이동하느라 오랜 시간을 보내야 했던 날이다. 이날 우리와 함께 이동하던 다른 차가 경찰에게 붙잡히는 일이 있었다. 그 소식을 듣고 우리 차에서 다같이 그냥 경고로 끝나 벌금이 없기를 기도했다. 그런데 정말 경고로 끝났다는 것을 전해 들었다. 하나님께서 정말 우리의 기도를 들으시는구나 다시 한번 깨닫는 시간이었다. 이날 숙소에 도착한 후, 이제 저녁으로 햄버거를 먹으러 가겠거니 하고 있었는데 좋은 레스토랑에 가서 요리를 먹었다. 정말 맛있어서 감탄하며 먹었던 기억이 있다. 그 후, 그 레스토랑 앞에 있던 불 앞에서 같이 찬양하는 시간을 가졌다. 정말 찬양함으로, 하나님을 찬양하는 것의 기쁨을 누렸다. 하나님을 찬양하며 경배할 때 우리가 가장 기쁘고 행복할 수밖에 없구나 라는 것을 다시 깨달았다. 그렇게 맛있는 음식을 먹고 돌아와 감사를 쓰며 헬스장에서 운동하는 시간을 가졌다. 오랜만에 하는 운동이라 정말 기분이 좋고 뿌듯했다.

3월 24일

이날은 미국 갈보리교회로 우리가 초대받아서 특송을 하고, 미국 현지 교회 예배에 참석해 볼 수 있는 기회였다. 자유롭게, 형식에 얽매이지 않고 정말 진심으로 찬양하고 살아있는 예배를 드리는 성도들의 모습을 보면서 적지 않은 충격과 은혜와 감동을 받았다. 어렵고 기도가 필요한 상황을 서로 나누고 이

것이 정말 하나님이 기뻐하시는 예배일 것 같다는 마음이 들었다. 이후 H-Mart에서 맛있는 한식을 먹고 마니토 스프링스로 전도를 하러 떠났다. 직접적인 전도를 복음 언어로 하지는 못했지만 "Jesus loves you."를 외치는 것을 들은 모든 사람들, 만났던 모든 영혼들에게 하나님의 말씀이 심어지고 예수님의 사랑을 그들이 깨닫게 되길 바라는 귀한 시간이었다.

이번 3박 4일의 여정을 통해 기도의 힘과 말씀, 찬양의 힘을 가슴 깊이 더욱 깨닫게 되어 너무 감사했다.

드디어 길면 길고, 짧으면 짧은 미국 해외 연수가 끝이 났다. 이번 여정을 통해 많은 것들을 보고 배우고 새로 깨달아 내 영혼이 먹먹해지는 것을 알 수 있었다. 가장 먼저 감사의 생활화가 가능해졌다. 감사의 중요성과 필요성을 박사님의 강의를 통해 알게 되고, 매일매일 감사를 나누며 기록하며 처음에는 짧고 형식적인 감사에서 점차 구체적이고 진정 마음에서 우러나오는 감사로 이어질 수 있었다. 그렇게 하나님과 주변 사람과 상황에 더욱 감사할 수 있는 나로 성장했다.

또한 하나님께 모든 순간 의지하는 것을 경험했다. 오랜 시간의 이동과 경찰에게 붙잡혔을 때, 엄청난 눈을 뚫고 가던 길

속에서, 또 다양한 열악한 상황에서 바로 주님을 찾고 기도하며 의지하는 시간이었다. 이것을 통해 정말 기도 응답들을 많이 경험했고, 어려운 상황에서도 걱정하지 않고 감사할 수 있었다.

마지막으로 우리 IDS 공동체를 향한 사랑과 책임감이 생겼다. 하나님께서 정말 우리 IDS 친구들 한 명 한 명을 택하여 부르셨다는 것을 느끼게 하셨고, 함께할수록 이들을 향한 예수님의 사랑이 부어졌다. 후배들과 이 학교를 하나님의 영광을 위해 앞으로 어떻게 사용하실지 정말 기대가 된다.

나를 이 학교 가운데 부르셔서 이 미국 땅에서 많은 것들을 깨닫게 하시고 하나님을 경험하게 하심에 정말 감사한다. 나를 향한, IDS 꿈쟁이들을 향한 하나님의 계획하심이 우리를 어떻게 이끌어 갈지 모르지만 가장 선하시고 완전하신 뜻으로 이끄시는 것을 믿으며 선 감사드린다!

류예라 하나님의 은혜

절대 감사로 물들여진
삶을 위해

    나의 두 번째 미국 방문의 시작은 좋지 않았다. 단지 나만 이름표의 성이 다르게 표기 되었다는 이유로 단단히 뿔이 났다. 독서 캠프에서 다짐했던 절대 감사는 잊어버리고 긴 여정의 시작에 올랐다. 하지만 비행기를 타자마자 화났던 것은 뒷전이 되고 설렘이 시작되었다. 장시간 이동이 끝난 뒤 드디어 미국 땅을 밟았다. 시차로 인해 하루를 더 사는 셈이었다. 그렇게 우리 팀은 다시 차로 장시간 이동을 시작했다. 한국에서 자지 못한 한을 한없이 푸는 기분이었다. 그리고 나는 주님의 위대하심을 연달아 경험하게 된다.

    가장 먼저 그랜드 캐니언을 보았다. 전에 봤음에도 불구하고 내 눈 앞에 펼쳐진 광활한 모습을 보면서 내 자신이 저절로 겸손해졌다. 더 나아가 창조 과학 강의를 들으니 내가 따르는 여호와 하나님이 얼마나 위대하신 분인지 알게 되고 저절로 어깨가 올라갔다. 그리고 이러한 광경을 보며 감사할 수 있는 것이 얼마나 대단한 것인지 알았다. 전에는 이러한 풍경을 봐도 감사하지 못했는데, 이제는 감사할 수 있다니 눈이 먼 내가 눈을 뜬 기분이었다. 계속해서 지대한 풍경을 보며 나는 가슴이 벅차 올랐다. 특히 가장 기억에 남는 것은 새벽에 본 Zion 캐니언의 밤하늘 모습이다. 별들이 당장이라도 내게 떨어질 것 같았다. 또한 그런 밤하늘을 품고 있는 거대한 돌산을 보며 감동을 받았다. 또 기억에 남는 것은 이동 시간 중 꿈쟁이들과 나눈 사소한 대화들이다. 나중에 기억을 되새겨 볼 때, 미소를 짓게 하는 추억일 것이다. 차가 눈에 빠져 변화되는 님을 업고 눈 오는 길을 헤쳐나간 것과 진흙을 이겨 내기 위해 건초를 바닥에 1시간 동안 뿌린 것도 내 추억 상자에 고이 간직될 것이다.

하루하루 성장하는 우리의 모습을 보며 나는 우리가 같이 큰 집을 짓고 있다는 생각이 들었다. 비록 잘 짓지는 못하고 있지만 밑에서부터 차근차근 천천히 짓고 있는 것이다. 이집이 완성 될 때까지 오랜 시간이 들겠지만 우린 반드시 주님의 이끄심 안에서 이집을 완성할 것이다.

누군가 내게 이번 해외 연수를 통해 배운 것이 무엇이냐고

묻는다면, 나는 많은 것들이 있겠지만 황 박사님과 선생님들을 통해 배운 인생의 지혜라고 답하고 싶다. 나는 아직도 속도 위반으로 우리 차가 붙잡혀 있을 때 황 박사님께서 갑자기 절대

감사!를 외치며 같이 김을 먹자며 김을 꺼내 주시던 모습을 잊지 못한다. 정말 이것이 절대 감사로 물들여진 삶이구나를 깨달았다. 나는 사소한 것 하나라도 감사보단 불평이 나왔는데 바로 절대 감사를 외치는 황 박사님을 바라보며 생각이 많아지게 되었다. 다음으로 아무리 힘들더라도 절대로 투정 부리지 않고 힘든 내색을 전혀 하지 않는 선생님들의 모습이 나에게는 탄산을 처음 먹는 아이처럼 충격으로 다가왔다. 아무리 힘든 일정이라도 모든 스케줄을 관리해 주시고 예약을 다 해주신 은실 선생님. 선생님을 바라보고 있으면 따듯한 햇살로 지쳤던 마음이 회복되는 기분이 들었다. 우리가 계속 놀고 싶다며 찡찡댈 때에도 화내지 않으시고 항상 차분히 설명해 주시던 서현 선생님. 선생님께서 우리 학교의 교감 선생님이셔서 참 다행이다. 이 뿐만 아니라 우리의 가장 예쁜 모습을 담아 주신 미디어 부흥 팀, 아무리 엉터리 얘기를 하더라도 진지하게 들어 주신 좋은 님, 나를 너무 예뻐해 주신 수 선생님과 친구 같은 마사오 센세, 사랑스럽게 일본어를 가르쳐 주신 유키에 상, 모두 다 나에게 인생의 지혜를 알려주신 선생님들이다. 마지막으로 항상 우리의 밥을 챙겨 주신 배 사모님과 밝은 님과 모든 분들 덕분에 나는 헌신이 무엇인지 배운 것 같다. 우리는 밥만 먹은 것이 아니라 사랑 또한 같이 먹었기 때문에 항상 힘을 내서 일정을 소화했던 것 같다. 특히 내가 무엇을 말할 때마다 곱고 환한 미소로 답해 주신 배 사모님의 주옥 같은 모습을 난 영원히 잊지 못할 것이다. 물론 위대한 경치를 보며 많은 것을 배웠지만 우리를 섬겨 주신 모든 분들 덕분에 인생의 지혜와 예수님의 마음을 배운 것 같다. 비록 우리가 많이 표현하지 못하고 투정도 많이 부렸지만 선생님들의 헌신 덕분에 우리 꿈쟁이들이 많이 성장했다는 것과 선생님들의 섬김은 하나님 나라에 영광이 돌려지는 것이라는 것을 선생님들께서 잊지 않으셨으면 좋겠다.

이런 기회를 만들어 주시고 본받을 수 있는 모습을 보여 주신 황 박사님께 감사하다. 또한 이 길다면 길고 짧다면 짧은 여정을 같이 한 우리 IDS 팀께 감사하고, 마지막으로 이 모든 것을 계획하신 주님께 감사한다. 이렇게 나의 해외 연수의 긴 여정이 끝이 나게 되었다. 많고 많은 일들이 있었지만 나는 이 과정에 성장했고, 많은 것들을 배우며 느꼈다. 모든 영광 주님께 올려 드린다.

미국을 위한 기도 제목

미국은 선교 강대국이다. 솔직히 말해서 선교 강대국이었다. 과연 지금도 미국을 선교 강대국이라고 말할 수 있는가? 우리는 이번 미국 연수를 통해서 미국은 선교 강대국이 아니라 선교지라고 생각하기 시작했다. 하지만 틀림없이 주님께서는 미국을 사용하시고 사랑하신다. 따라서 미국은 초기부터 기독교 정체성을 띠게 되었고, 견고한 믿음 덕분에 나라가 설립되었다. 그렇지만 주님 안에 있던 미국에 어둠이 찾아왔다. 무신론, 진화론, 동성애 등등 많은 신념과 사상들이 어린 세대를 이끌게 되며 미국 교회는 점점 힘을 잃어 가고 있다. 미국 교회에는 어린 청년 세대들이 줄어들고 있으며 교회를 비판하는 청년 세대들은 나날이 늘어나고 있다. 이것이 미국을 위한 첫 번째 기도 제목이다.

1. 어린 청소년, 청년 세대들(Youth Generation)이 학교에서 배우는 거짓된 것이 아닌 참된 진실인 예수 그리스도를 따를 수 있기를

2. 마약, 술, 음란 등으로 더러워진 세대가 주의 보혈로 깨

꿋꿋게 되도록

  다음으로 이번 연수에서 직접 느낀 무너진 미국에 대해 나누고 싶다. 미국은 지금 자만과 교만에 빠져 있다. 신 없이도 행복할 수 있다 믿고 있으며, 진실을 찾을 수 있다 말한다. 더 나아가 신은 인간이 만들어 낸 허상일 뿐이라고 주장한다.

  우리 팀은 운 좋게도 Homeless에서 예수님의 사랑에 대해 나눌 기회가 있었다. 그리하여 열심히 한 영혼에게 예수님을 증거했다. 하지만 돌아오는 답변이 충격적이었는데, 자기는 지금 예수 없이 행복하게 살고 있으며, 사랑 또한 느낄 수 있다는 것이었다. 따라서 자신한테는 예수 또는 예수의 사랑이 필요없다고 결론지었다. 이를 들은 우리는 이내 충격의 굴레에서 빠져나오지 못했다. 어떻게 하면 예수님 없이 행복할 수 있는가? 이런 사람들이 미국에 얼마나 많을 것인가? 이미 단정 지어버린 이 사람의 신념을 우리는 어떻게 바꿀 것인가? 등등 수많은 생각들이 머리를 스쳐 지나갔다. 특히 나는 이 영혼을 만나고 나서 그날 저녁을 먹을 수가 없었다. 아니 아무것도 입에 댈 수조차 없었다. 나는 이때 주님의 고통과 애통하심을 느꼈다. 예수님의 사랑을 알면서도 그 필요성을 느끼지 못하는 이 영혼을 주님께서 얼마나 사랑하시는지 알기 때문이다. 이뿐만 아니라 이런 영혼들이 미국 땅을 뒤덮고 있다는 사실도 주님께서는 아파하셨다. 그리하여 미국의 부흥이 우리의 두 번째 기도 제목이 되어야 한다.

1. 무너져 가는 미국 땅에 다시 한번 부흥이 일어나기를

2. 미국에 선교사들을 보내셔서 주님이 사랑하시는 미국 땅을 다시 한번 주님께로 되돌릴 수 있도록

3. 사람들이 미국을 더 이상 선교 강대국으로만 보는 것이 아니라 선교지로 인식하여 미국 땅을 올려드리며 간절히 기도할 수 있도록

우리는 이러한 기도 제목을 가지고 미국을 위해 기도해야 한다. 우리 IDS는 이번에 해외 연수를 통해 미국을 품기 시작하였다. 미국 땅을 위해 같이 기도하고 다시 한번 부흥이 이 땅에 있게 주님께 부르짖었다. 주님께서 우리를 사용하셔서 이 황폐한 땅을 다시 한번 살리실 줄 우리는 굳건히 믿는다.

류하라 함께하는

미국에 다시 가고 싶다

　미국에 갈 때 아침 일찍 일어나 인천공항에 가서 에어프레미아 비행기에 타면서 설레기도 했지만 미국에서 적응을 잘 못하면 어쩌지?? 라는 생각도 많이 했다. 10시간 6분 동안 비행기를 타 도착했을 때 너무너무 예민해 목이 말라 물을 찾으며 짜증이 심하게 났다. 그래도 절대 감사하며 짜증을 누른 뒤 밥을 먹으러 가던 중 밖을 봤는데 하늘, 나무, 잔디 등등 너무 너무 색감이 찐하고 선명해 짜증이 확 풀렸다. 식당에 도착해 여기가 미국이 맞나? 라는 생각이 들 정도로 맛있는 한국 음식을 먹었다!! 정말 맛있었다. 그리고 차에 타서 그랜드 캐니언에 갔다. 진짜 너무 예쁘고 박사님의 강의도 듣고 참 좋았다. 샵에서 귀여운 토끼 인형 사고 너무 좋았다. 호텔에 들어갔는데 수영장이 있다고 해서 발만 담그려 했는데 반팔 반바지를 입고

있어서 그냥 들어갔다.

다음날

새벽 4시에 일어나서 5시 준비하고 차에 타서 한 5시간 뒤 차에서 내려 별을 보았다. 이런 별들을 본 적이 없어서 너무 너무 좋았다. 그리고 너무 예뻤다. 그 후 브라이스 캐니언에 가서 봤는데 그랜드 캐니언과 또 다른 느낌이어서 좋았다. 다 본 뒤 ILI에 가서 예배도 드리고 포켓볼도 치고 호텔로 돌아간 뒤 짐을 풀고 잠을 자고…

다음날

일어나 보니 눈이 내 무릎까지 찼다. 정말 세상이 눈으로 뒤덮였다. 너무 예뻤지만 살짝 걱정도 됐다. 왜냐면 조금 위험해 보였기 때문이었다. 눈이 너무 많이 와 호텔에서 있었는데 그동안 밥도 먹고 회의도 했다. 차가 와서 탔는데 중간에 차가 눈에 잠복되어 어쩔 수 없이 걸어갔다. 30분? 40분?이 걸렸다. 근데 도착해 처음으로 사슴도 보았으니 추억일 것 같아 괜찮았다.

다음날

포켓볼 경기를 하였다. 나는 첫 번째는 이기고 두 번째 경기에서 졌다. 토요일에는 요셉 연극을 하였다. 요셉이 감옥에 있는 씬을 하려는데 상대 팀이 그 씬을 해 우리가 씬을 바꾸었다. 연습을 다 한뒤 인 엔 아웃 버거를 먹었다. 버거를 먹은 뒤 킹덤드림센터에 갔다. 너무 크고 좋았다. 마당에 가서 썰매도 탔

다. 즐거운 날이었다.

다음날

어떤 여자 분이 설교를 하신 뒤 강아지를 데리고 오셨다!! 너무 귀엽고 똑똑했다. 강아지를 본 뒤 요셉 연극 대본을 외웠다. 그후 사람들이 와서 우리가 연극을 하는 것을 보았다. 우리가 상대 팀보다 먼저 시작했다. 조금 웃었지만 잘했다고 생각했다. 상대 팀도 잘했다고 생각했다. 그리고 저녁에 진짜 맛있는 바비큐를 먹었다. 맛있었다.

다음날

활동을 한 뒤 선생님이 밖에 나가 눈으로 뭘 만들라 하셔서 나가서 뭘 만들까 고민하던 중 교회를 만들자 해서 만드는데 들어와서 밥 먹어라 하셔서 밥 먹은 뒤에 방치했더니 녹았다. 오후 4시 쯤에 공룡박물관에 갔다. 나는 공룡 뼈를 본 적이 없는데 이번 기회에 볼 수 있어 좋았다. 다 본 뒤 인형도 사고 완전 좋았다.

다음날

차에 타서 12시간 동안 이동 했다. 근데 생각보다 짧게 느껴져서 좋았다. 새벽 2시에 차에서 내려 기도방?에서 짧게 기도를 한 뒤 나와 선교사님 집에 가 치킨을 먹고 숙소에 도착했다. 숙소 문이 안 열려 찬양을 불렀는데 문이 열렸다! 할렐루야 들어갔는데 너무 무서웠다. 악몽 안 꾸도록 기도 했는데…

다음날

악몽을 안 꾸었다! 나를 지켜주신 주님 사랑합니다! 차에 타고 대학교에 가 밥을 먹은 뒤 총장님이 강의를 해주셨다. 다음으로 어린이전도협회에 갔다. 거기서 Qustone도 받고 총재님께 음식도 대접받아서 엄청 좋았다.

다음날

미국 카페테리아에서 아침밥을 먹었다. 차에 타 이동 중 맥도날드에서 감자 튀김과 아이스크림을 먹었다. 맥도날드에 들어가서 버거를 안 먹은 적 없어서 새로운 느낌이었다. 숙소에 도착해 내렸는데 이상한 소독 냄새가 났다. 근데 조금 시간이 지나니까 냄새에 적응해서 그런지 하나도 안 나는 것 같았다. 숙소에 들어가서 짐을 푼 뒤 밥을 먹으려고 나갔는데 꿈쟁이들이 햄버거라고 해 아.. 또 햄버거 먹는구나 라고 생각해 별 기대 안 하고 갔는데 완전 고급 레스토랑에 들어가서 좋았다. 그리고 불 앞에서 꿈쟁이들과 찬양을 불렀다. 진짜 너무 은혜로운 시간이었다.

다음날

아침에 일어나자 마자 심한 배아픔과 두통이 있었다. 너무 아파서 아침 조식도 안 먹고 소파에서 조용히 울었다. 차에 타기 전 황성주 박사님이 다 같이 모여서 기도를 해주자 하셔서 기도를 받고 차에 타 자고 일어났는데 하나도 아프지 않아서 놀랐다. 기도를 응답해주셔서 너무 너무 감사하다!!!! 미국 교회에 도착했다. 들어가자 찬양으로 예배를 시작했다. 찬양할 때 너무 음색이 아름다웠다. 그후 우리 꿈쟁이들이 합창을 하였다. 우리가 합창을 할때에 미국 분들이 웃으시고 박수 쳐주셔서 너무 감사하고 나까지 웃음이 나왔다. 합창을 하고 내려와 서로 기도해 주는 시간이 있었다. 나는 너무 놀랐다. 한 번도 본 적 없고 말해본 적 없는 사람들께 기도해 주는 시간이 있어? 라고 생각을 하였다. 또 한국에도 이런 기도 시간이 있었으면 좋겠다는 생각도 하였다. 서로 기도를 할 때에 성령님이 내려와 이곳에 임재하시는 것 같았다. 그후 전도를 하러 밖에 나갔다. 내가 기도해 주고 싶은 사람이 있었다. 바로 노숙자 분이신데 너무 착하시고 기도도 받으시고.. 진짜 천국에서 보고 싶으신 분이다. 전도가 끝난 뒤에 박사님이 기프트 샵에서 뭘 많이 사주셨다! 박사님 감사합니다!

다음날

박사님께서 돌을 보러 가자고 하셔서 가려는데 신발이 다 젖어서 어쩌지? 걱정하고 있을 때 사모님이 부츠를 빌려주셨다 사모님께 감사한 하루가 됐다. 근데 가던 중 눈이 너무 깊어 돌을 끝까지 보지 못하고 철수했다. 이제 새벽 한국을 간다!!!!

●

최종 소감문

사실은 나는 미국에 가기 전 한국에서 설레기도 했지만 많이 걱정도 됐다. 왜냐하면 꿈쟁이들과 처음 가는 여행이기도 하고 미국에 잘 적응 못하면 어쩌지? 라는 생각도 많이 하였고 미국 음식이 내 입에 안 맞으면 어쩌지? 라는 생각도 많이 했다.

그런데 생각보다 너무 꿈쟁이들과 친해져 좋았고 미국도 너무 예쁘고 잘 적응했고 미국 식당에서 밥을 먹은 적도 많지만 우드랜드에서 한국 음식도 많이 먹어서 너무 좋았다.

그리고 나는 어렸을때 미국에 온 적이 있었는데 이번에 또 와서 너무 좋았다.

기억에 남은 날은 3월 24일이었다.

미국 갈보리교회에 가서 서로 기도를 해주는 시간이었다.

이때 이런 느낌이 들었다. 아.. 진짜 성령님이 항상 나와 함께 계시구나..라는 생각을 계속 계속했다. 아멘! 아멘!

그리고 그후에 전도를 했다.

미국 사람들은 너무 착한 것 같았다.

전도를 할 때 다 받아주시고.. 이날 진짜 은혜로웠다.

나는 미국에 안 갈까? 라는 생각도 했는데 안 왔으면 후회할 뻔했다.

오길 잘한 것 같고 6월달에 미국에 또 간다 하는데 빨리 가고 싶다!

윤태준 도전하는

하나님이 주신
편안함 속에서

　안녕하세요. 저는 도전하는 윤태준입니다.
　저는 해외 연수 일기를 썼습니다.

　일단 저는 미국으로 가는 비행기를 탈 때는 즐거울 거라고 생각했는데 해외 연수 가는 게 힘들다는 걸 느끼고 10시간에 걸쳐 미국으로 왔다. 미국이 처음이라 적응하기 힘들었지만 황성주 박사님이 맛있는 한식을 사주셨는데 맛있어서 감사했다. 이제 차에 타 숙소로 가려는데 미국 땅이 너무 넓어서 지루했지만 차 안에서 꿈쟁이들과 함께 찬양을 불러서 좋았고 저녁 때는 맛있는 햄버거를 먹는데 수제로 만들어서 퍽퍽하긴 했지만 그래도 맛있었다.
　숙소로 온 후 방을 정하고 자는데 너무 편안해서 감사했고 다음날에는 그랜드 캐니언으로 갔다.

솔직히 미국은 처음이라 뭐가 있는지 몰랐는데 그랜드 캐니언을 보니 정말 아름답다 생각되고 좋은 추억이 되어서 감사했다.

황 박사님이 창조 과학을 알려주셔서 그랜드 캐니언 밑은 노아의 홍수 전이고 위에는 노아의 홍수때 생겼다는 걸 알고나서 감탄하고 신기했다.

기념품 샵에서 남자 꿈쟁이가 생일이라고 선물을 사주었는데 만족해서 기뻤다.

그리고 호텔로 와 수영을 하고 잠을 자는데 내가 가지고 있던 담요가 비행기에서 빌려준 담요라 처벌 받을 수 있다고 해서 내가 2시간 잠을 자고 2시간 30분 동안 기도를 했는데 하나님이 편안한 마음을 주셔서 놀라웠다. 다음날은 새벽 별을 많이 봐서 너무 감사했다.

다시 차를 타고 이번 목표 지점은 ILI인데 거기서 오랜만에 한식을 먹어서 감사했다. ILI를 떠나고 나서 호텔로 와 편안한 마음으로 잠을 잘 수 있어서 기뻤다. 다음날 ILI로 다시 와 황 박사님의 절대 진리, 절대 감사를 배웠다. 항상 감사해야 된다고 해서 나도 이제 항상 감사를 해야되겠구나 싶었다.

점심 먹고 나서 재미있게 포켓볼을 해서 기쁘고 선생님들이 요셉 이야기를 연극으로 해라고 해서 대본을 짰는데 연기 연습할 때 하늘빛 님이 도와주셔서 감사했다. 연극이 시작되고 나서 무사히 잘 마쳐서 감사했다. 다음날 아침에 예배를 한 후 포켓볼 대회가 있었는데 그 대회에서 예선전부터 탈락해 아쉬웠지만 교체로 결승까지 가 감사했고 다음날에는 10시간 넘게 차로 달려서 힘들었다.

도착해서 바로 잠을 잤다. 그리고 미국에 적응을 하니 미국식 식사가 맛있었다. 또한 꿈쟁이들과 함께 좀더 친해질 수 있어서 감사했다. 이제 다시 ILI로 가야 하는데 가는 도중 숙소를 예약해 거기서 짐을 풀고 밥을 먹었다. 옆에 불이 있어서 그 옆에 앉아 '문들아 머리 들어라'를 찬양해서 너무 좋았고 숙소로 와 잠을 자고 다음날은 ILI로 온 후 여정 기록을 쓰고 다음날은 드디어 한국으로 돌아가는 날이었다. 오늘은 예배를 드리고나자 한국이 그리웠다.

점심을 먹고 예배하고 찬양을 한 뒤 또 다시 포켓볼 대회가 열렸다. 또 예선에서 탈락해 이게 끝이구나 생각했는데 패자부활전으로 1등을 해서 감사했다. 끝으로 한국으로 가는 비행기를 타고 내 나라에 오니 미국이 그립지만 한국에 와서 감사했다. 내 첫 해외 연수를 즐겁게 보낸 것 같아서 흐뭇하다.

이상연 넓은

정말 기분 좋고
상쾌한 느낌

  인천공항으로 가기 전에 너무 기대되고 신났다. 그리고 도착하고 비행기를 탔을 땐 '이게 현실인가?'까지 생각했다. 그리고 LA 공항에 도착했을 땐 내 머리 속에서 온갖 상상이 난발했다. 그리고 이틀에서 삼일 동안 차를 탔을 땐 차 타는 시간이 너무 길어 힘들었지만 기대되는 기분에 힘든 것도 극복할 수 있었다.

  그리고 콜로라도 주로 오면서 가장 좋은 순간은 호텔에서 쉴 때였다. 그리고 우리가 지나온 주들을 나열하자면 ARIZONA, UTAE, NEWMAXICO, CALIFORNIA 주이다. 각각의 주마다 아름답고 광활한 대자연이 보기 좋았다. 특히 애리조나 주(Grand Canyon, 유타 주의 Bryce canyon Zaion canyon)이다. BSH CENTER에 도착했을 땐 자연 경관과

Center가 너무 예뻐서 좋았지만 이내 Snow Blizzard 때문에 차가 수없이 빠지고 빠져서 차도 많이 빼내고 제설도 많이 했다. 재미있고 신선하고 힘든 경험이었다.

그리고 이제 미국 동부로 여행을 간다 했을 때 정말 기대됐다. 결국은 또 탑승의 연속이었지만 각 주(Kansas, Measure)에 도착했을 때 정말 기분 좋고 상쾌한 느낌이었다 그리고 Kansas 주 안에 있는 Kansas city 라는 곳에서 Ihop를 방문해서 정말 신기했다. 왜냐하면 24시간 365일 기도한다는 사실이 너무 새롭고 신선한 충격이었다. 미주리 주에서 Inn에서 묵었는데 문이 고장 나서 당황했지만 이때 방을 옮기고 이내 괜찮아졌다. 그리고 돌아왔을 때 정말 피곤했지만 벤이 빠져서 차를 빼냈다. 힘들었지만 뿌듯했다. 그리고 오늘 마지막 날 기념으로 그토록 가고 싶었던 Walmart에 가게 되었고 또 점심으로 이 지역에서 가장 유명한 Taxas BBQ를 먹었다. 신발 1개와 10 dollar 잃어버린 것 빼고 모든 것이 완벽한 하루였던 것 같다. 그래도 절대 감사!!!

그리고 Walmart에서 새 신발 Get!! 기분 전환 완료. 이제 집에 갈 일만 남았다! 야호.

이은찬 찬양하는

내가 본 그랜드 캐니언

2024년 3월 10일 집에서 새벽 4시에 인청공항으로 출발했다. 인천에 작은누나를 내려주고 공항으로 갔다. 거기서 친구들을 만나고 아빠, 엄마와 인사를 나누고 밥을 먹고 에어프레미아 항공기에 탑승했다.

그리고 미국에 13시간 만에 착륙했다.

내가 찍은 사진들로 그랜드 캐니언을 보여주고 싶다.

그랜드 캐니언에 가는 길이다.

이것은 그랜드 캐니언 올라가는 길이다.

그리고 대망의 그랜드 캐니언에 도착했다. 도착하자마자 본 광경이다.

엄청 예쁘다~~

 지금부터는 그랜드 캐니언에 대한 본론이다. 하나님이 지으신 세계이다.

 여기 보면 빨간 줄이 있다. 이 위로는 노아 홍수 후이고 아래는 노아 홍수 전이다.

황 박사님께 강의 듣고 있는 꿈쟁이들의 모습이다.

그랜드 캐니언의 멋진 광경이다.

똑같은 사진 같지만 자세히 보면 다르다.

이 협곡과 구름이 너무 멋지다.

윤학렬 감독님.

그랜드 캐니언에서 나와 휴게소에서 찍은 사진이다.

내가 찍은 사진 중에 이 사진이 제일 잘 찍은 것 같다.
다른 각도에서 본 그랜드 캐니언이다.

지금 보이는 곳은 그랜드 캐니언 댐이다.

여기서 또 강의를 듣는다.

새벽에 출발해 본 밤하늘의 별이다.

그랜드 캐니언에서 하나님의 일하심을 보았고 또 하나님이 진짜로 살아 계시구나. 라는 생각을 하게 되었다. 하나님, 미국 잘 다녀와서 감사합니다.

나의 창조 과학에 대한 정리

지구는 태양의 비해 엄~~~청 작다. 그리고 크다는 목성도 태양에 비해 아무것도 아니다.

빅뱅의 의해 지구가 생겨났을까?

빅뱅(Big Bang) 우주론은 오늘날 관측되는 우주의 팽창성을 토대로 추정되는 우주의 기원 가설로, 이를 되짚어 태초에는 모든 에너지가 한 점에 모여 있었으며, 이것이 137억 9900만 년 (±210만 년) 전 대폭발을 일으켜 우주를 형성했을 것이다. 라고 주장하는 설이다.

이것은 말도 안되는 사실이다. 하나님이 세상을 말씀으로 창조하셨기 때문이다.

우주와 지구의 나이는 대략 6,000년이다. 이 나이는 구약성서의 역사적 과학적 기록을 바탕으로 추정한 것이다. 이는 지질학자들이 밝혀낸 지구의 나이인 약 45억 년과는 큰 차이가 있다. 오랜 지구의 지질학적인 증거인 지층에 대해서 창조 과학 지지자들은 창세기에 기록된 노아의 홍수 시에 전 지구적인 격변이 있었고, 이 과정을 통해 그 모든 지층이 1년여에 걸친 짧은 시간에 모두 형성되었다고 주장한다. 학계에서 절대 연령을 측정하는 방법인 방사성 동위원소에 의한 방사능 연대 측정을 창조 과학 지지자들은 정확하지 않다고 하며, 이 방법에 근본적인 문제가 있다고 주장한다. 그중 하나는 동위원소 측정법에 필수 요소인 초기 조건의 가정에 문제가 있다는 것이다. 우라늄과 납의 동위원소 측정법을 보아도 초기에 순수한 우라늄으로만 이루어졌다는 가정이 근본적으로 사실인지 알 수 없다는 주장을 한다. 창조과학회에서는 살아있는 나무 껍질에 대한 탄소 연대 측정이 10,000살로 나오기도 한다고 주장하며, 사실 여러 방식의 계산 차이가 너무 커서 방사능 연대 측정은 정확하지 않다.

성경을 창조과학(지적 설계론)에 근거 절대 진리의 말씀으로 받아 6일 동안 지구와 우주가 함께 창조되었다고 믿는다. 사실을 사실로 믿는 것이 믿음이다.

정시온 살리는

더 큰 세상을 향해
나아가겠습니다

17일 동안 미국 일정을 잘 마칠 수 있어서 너무 감사합니다.

이번 연수를 통해 미국 6개의 주를 돌 수 있었습니다. 그래서 전 각 주에서 일어난 이야기를 나누려고 합니다.

그전에 저는 창원에서 인천까지 5시간을 달린 후에 인천공항에 도착했습니다. 미국에 가는 게 믿기지 않았지만 그래도 비행기를 타고 인천을 떠났습니다.

비행기에서 해외 연수에 대한 나의 마음을 글로 썼는데 그때 새로운 환경에서 다양한 문화를 경험할 것과 더 큰 비전을 가질 수 있을 거 같아 기대된다고 썼는데 정말 미국에서 한국과 다른 미국 문화(팁 문화, 분리 수거, 문 잡아주기 등)을 느낄 수 있었고 미국에서의 활동들을 통해 다양한 분야에 대해서 공부 해보고 싶다는 생각을 했습니다. 그리고 오고 가는 모든 길을 지켜 주시고 그곳에서 더 큰 세상을 보고 더 큰 비전과 놀라운 은혜를 경험하였습니다. 또한 하나 되는 시간 되게 해달라는 기도의 내용들처럼 강의 때마다 놀라운 은혜를 경험할 수 있게 해주셨으며 IDS 학생들과 더욱더 친해질 수 있게 해주셨습니다. 저의 기대와 기도를 현실로 만들어 주신 하나님께 감사합니다.

설레는 마음으로 10시간의 비행 시간 견디고 내려 드디어 미국 땅을 밟았습니다.

먼저 첫 번째는 캘리포니아 주였습니다. 미국 LA 공항에 도착해 진짜 미국에 왔다는 생각을 하며 이곳에서 어떤 일들이 펼쳐질지 기대와 설렘을 가질 수 있었습니다. 미국 LA에서 한식을 먹고 이룸 회사에서 예배를 드린 것을 마지막으로 LA를 떠났습니다. LA를 떠나 다음 주로 가기 위해 장시간을 달렸는데 그때 많은 풍경들을 보며 세상이 너무 아름답다는 생각을 했습니다.

그렇게 도착한 두 번째 주는 애리조나 주였습니다. 첫날밤을 애리조나 주의 호텔에서 보낸 후 그랜드 캐니언과 그랜드 캐니언 댐 브릿지를 갔습니다. 그곳은 끝이 안 보일 정도로 정말 넓었고 모든 곳곳이 너무나 아름답고 멋졌으며 투어 버스를 타고 이동해 내릴 때마다 똑같은 듯 다른 그랜드 캐니언을 보며 이건 정말 우연히 생길 수 없다고 생각했습니다.

그곳에서 박사님의 창조 과학 강의를 들으며 그랜드 캐니언은 시간이 지남에 따라 차곡차곡 쌓인 것이 아닌, 밑에는 천지

창조 때 위에는 노아의 방주 때 생긴 것이라는 사실을 알 수 있었고, 노아의 방주 이야기가 날짜까지 정말 자세히 기록되어 있다는 사실을 통해 하나님의 말씀은 한 치의 오차도 없다는 것을 깨달았습니다.

애리조나 주의 일정이 마무리되고 다음 주로 이동하며 또 장시간을 달렸습니다. 그 시간이 너무 힘들어 지칠 때 쯤에 창밖을 보았고 어둔 하늘에는 쏟아질 듯이 많은 별들이 있었습니다. 이 별들을 보며 했던 찬양 속에서 모든 만물이 주님께 영광을 돌리고 있다는 생각이 들었습니다.

두 주를 거쳐 도착한 곳은 유타 주였습니다. 유타 주의 호텔에서 하룻밤을 묵고 꼭두새벽부터 일어나 자이언트 캐니언에 가서 별들을 보며 차에서 보던 것과는 또 다른 느낌의 감동과 아름다움을 느꼈습니다. 어두운 새벽이어서 별만 봐 아쉬웠지만 그래도 별 세계를 관찰할 수 있음에 감사했습니다.

다음 장소는 브레이스 캐니언이었습니다. 가기 전에는 그랜드 캐니언과 비슷할 거야 라고 생각을 하며 갔는데 브레이스 캐니언을 보자마자 그랜드 캐니언과는 다르게 더 주황빛이 돌며 다른 아우라를 품고 있는 것을 느꼈고 눈이 쌓여 있어서 더 아름다웠던 거 같습니다. 유타 주에서 일정을 마치고 드디어 ILI가 있는 콜로라도 주로 출발했습니다. 가는 길에 차에 탄 사람들과 같이 찬양을 불렀는데 찬양을 통해 하나님께서 우리가 하나되게 하신다는 사실을 느꼈습니다.

신나게 도착한 콜로라도 주. 콜로라도 주에 도착하자마자 한국에서 잘 볼 수 없던 눈이 내려서 감사했지만 이 눈으로 인해 저희에게 많은 에피소드들이 생겨났습니다. 눈이 너무 와서 호텔에 고립도 되고 차가 눈속에 빠져서 눈길을 걸어가기도 하는 등 많은 일들이 생겼습니다. 그 당시에는 조금 힘들었지만 지금 생각해보니 그 일들을 통해 IDS 친구들과 함께 웃을 수 있었고 더 친해질 수 있었던 거 같습니다. 그리고 마산에 살 때 왜 이 지역만 눈이 안 오나 하며 불평하던 저를 되돌아 보던 시간이었습니다.

콜로라도 주에서 저희의 주된 일정은 강의와 예배였는데, 강의는 대부분 박사님과 동역자 분들의 강의였습니다. 이 강의들을 통하여 저의 신앙 생활을 되돌아 볼 수 있었고 더 성장할 수 있었던 거 같습니다. 강의들을 통해 제일 많이 느낀 것은 하나님이 나를 이곳에 부르셨다는 것입니다. 오시는 분들마다 여러분들이 이곳에 온 것은 그냥 온 것이 아닌 하나님의 부르심으로 왔습니다, 라는 말들을 계속하셨기 때문에 계속 그 사실을 생각할 수 있었습니다. 또 12일 대언 기도를 받았는데 그 대언 기도에서 제가 글을 쓰며 찬양을 하고 있다는 것이었습니다. 이곳에 오기 전에 찬양이 점점 사라지고 있는 저의 모습이 떠오르며 제 미래를 내가 좋아하는 쪽으로 계획하고 있던 절 되돌아 보았습니다. 하나님께서는 세상 속에서 맘대로 사는 절 돌아오게 하기 위해 이곳에 부르셨다는 것을 느낄 수 있었습니다. 그리고 강의들을 통해 선교, 기도, 말씀, 감사에 대해서도 다시 생각해 보며 깨달을 수 있었습니다. 사실 이전에는 선교에 대해 깊게 생각해본 적이 많지 않았는데 이번에 선교에 대해 깊게 생각해보면서 우리는 정말 열심히 선교를 해야 하고 선교뿐만 아니라 그 선교지의 영혼들을 생각하며, 특히 미전도 종족을 위해서 기도해야 겠다는 결심을 할 수 있었고 서로를 위해 중보 기도를 해야겠다고 느꼈습니다.

이번 연수는 제가 말씀과 감사랑 친해질 수 있는 시간이었는데 강의들을 통해 말씀과 감사의 중요성을 깨닫게 하셨고 말씀을 읽게 하셨으며 매일 감사를 적고 고백할 수 있게 하셨습니다. 콜로라도 주에 있는 시간 동안 하나님은 우리 안에 찬양이 넘치게 하셨고 그 찬양을 통해 은혜를 받게 하셨는데 콜로라도에 온 첫날 "내 마음의 한 자리"라는 찬양을 부르며 나아갈 때 내 마음 가운데 하나님이 아닌 다른 것이 있던 것에 대해 회개할 수 있었습니다. 나의 중심을 볼 수 있게 하셨으며 찬양을 통해 사랑을 고백하는 기쁨을 허락해 주셨습니다.

콜로라도에서 한 활동 중에 가장 특별하고 색달랐던 것을

고르라고 하면 요셉 연극 이었습니다. 7, 8일날에 요셉의 이야기를 읽고 묵상한 후 조원들과 함께 대본도 짜며 동선도 맞췄는데 이 활동을 통해 이전에 알지 못했던 요셉의 디테일한 내용을 알 수 있었고 조원과 함께 하며 더 가까워 질 수 있던 거 같습니다. 다른 조의 연극을 보면서 우리 조가 생각한 순수한 사람 요셉의 이야기를 나눌 수 있어서 감사했고, 다른 조가 생각한 성숙하고 감사하는 사람이었던 요셉에 대해 알 수 있어서 너무 좋았습니다. 이렇게 저희는 10일 동안 콜로라도 생활을 했습니다. 많은 일이 있었던 콜로라도 생활을 잠시 뒤로 하고

3박 4일 동안 새로운 도시로 갔습니다.

  박사님과 함께 트럭을 타고 박사님의 인생 이야기를 들으며 콜로라도를 떠나 제일 처음으로 간 곳은 미주리 주였습니다. 미주리 주에 도착한 저희는 제일 먼저 아이홉에 갔습니다. 아이홉은 기도의 집이었는데 그곳은 전 세계 사람들이 모이는 기도처이자 1분 1초도 기도가 끊이지 않는 곳이었습니다. 너무 감사하게도 이곳에서 생각나는 사람들을 위해, 제가 품은 나라를 위해, 저의 개인 기도 제목을 위해 기도할 수 있었습니다. 아이홉을 거쳐 아이홉 숙소로 갔는데 그곳의 숙소 환경은 썩 좋지는 못했지만 잘 수 있음에 감사하며 바닥잠을 잤습니다. 그 다음날 일어나보니 너무 추웠지만 감사하게 입이 돌아가거나 감기에 걸리는 그런 불상사는 일어나지 않았습니다. 그때는 너무 무섭고 힘들었지만 지금 생각해보니 다 경험이고 소중한 추억인 거 같습니다. 벤을 타고 미드웨스트 대학에서 총장님의 리더에 관한 강의를 듣고 세계어린이전도 협회 세계 본부(CEF)에 갔는데 그곳에서 CEF가 어떻게 운영 되고 어린이 사역이 왜 중요한지에 대해서도 깨달았고 어린시절에 하나님을 아는 것이 얼마나 중요한 지에 대해서도 알 수 있었습니다. 또한 새소식 반에서 성경 공부를 하던 나의 어린 시절이 생

각났고 내가 하나님과 성경, 선교에 대해 어릴 때부터 교육받을 수 있었음에 대해 감사를 처음으로 느낄 수 있는 시간이어서 감사했습니다.

그날 CEF의 총재님 댁에서 함께 식사를 한 후에 하나님의 음성을 듣고 그 말씀에 순종한 총재님의 간증을 통해 나 또한 하나님의 음성을 듣기를 바라며 그 음성에 순종하기를 결단할 수 있었던 거 같습니다. CEF 숙소에서 감사하게 하루를 보낸 후 미주리 주를 떠나 다음 주로 이동하게 되었습니다.

그 다음 주로 이동하기 위해서는 약 8시간의 시간을 달려야 한다고 들었고, 8시간 동안 어떻게 차를 타고 다음 주로 갈까라는 걱정이 들었는데 막상 출발해 목적지로 가는 동안 가도 가도 끝이 없는 평지를 보며 담소도 나누고 찬양도 부르며 잔잔히 갈 수 있어 창원-서울 여정보다 더 짧게 느껴져 감사했습니다. 콜로라도 주 덴버에 도착해 아주 고급지고 맛이 있는 레스토랑에 가서 만족스러운 식사를 하면서 테이블에 같이 앉은 사람들끼리 종업원 분들에게 JESUS LOVES YOU를 외치며 거의 처음으로 모르는 사람에게 예수님의 사랑을 전할 수 있어서 감사했던 시간이었습니다. 덴버의 호텔에서 푹 쉬고 그 다음날을 맞이했습니다.

그날은 주일이여서 아침 일찍 일어나 갈보리교회로 갔습니다. 갈보리교회에서 다른 사람들의 시선을 신경 쓰지 않고 자유롭고 신나게 찬양하고 기도할 수 있는 분위기가 너무 놀라웠고 좋았습니다. 현지 교회였기에 영어로 설교를 들었는데 영어였지만 성경 말씀과 몇 가지 단어로 알아들으며 나의 시선이 주님을 향해 있어야 하고 주님을 믿고 내 안의 한계를 뛰어넘자 라는 깨달음을 얻었습니다. 그곳에서 IDS 학생들과 함께 "문들아 머리 들어라" 라는 찬양을 특송으로 할 수 있음에 감사

했습니다.

　갈보리교회에서 넘치는 은혜를 받고 간 다음 도시(마을)은 콜로라도 마니토 스프링스였습니다. 그곳에서 저희는 거리의 사람들에게 전도를 했습니다. 처음에는 어떻게 해야 할지 몰라 고민하고 있었는데 선생님들의 도움 덕분에 어린 아이들에게 말을 걸며 예수님의 사랑을 전할 수 있었고 전한 사랑이 그들 안에 심겨지길 소망할 수 있었습니다. 노방 전도 후에 박사님께서 저희 모두에게 선물을 사 주신다고 하셔서 저는 유용하게 쓸 수 있는 후드 집업을 골랐고 저의 최애 후드 집업이 바뀔 수 있어서 감사했던 시간이었습니다.(박사님 너무 감사합니다!!).

  3박 4일의 일정을 잘 마치고 저희는 다시 ILI로 돌아왔습니다. 돌아오는 길에 눈이 와서 차가 빠지기는 했지만 그래도 안전하게 도착할 수 있음에 감사했습니다. ILI에서 하루를 보내고 어느새 D-1이 되었고 마지막 강의로 이롬의 정승진 대표님의 리더 강의를 들으며 리더란 무엇이고 성경에서 말하는 리더는 무엇인지를 생각하게 되었습니다. 강의에서 리더는 어린아이와 같은 사람으로 더욱더 겸손하고 낮아져야 한다고 배웠고 그래서 더욱더 낮아지고 겸손해지길 결단할 수 있는 시간이었습니다. 정승진 대표님을 통해 좋은 강의와 맛있는 점심(바비큐)를 먹을 수 있어서 감사했습니다. 모든 일정을 마치고 미국 시간으로 새벽 1시에 우드랜드에서 벤을 타고 가 덴버공항에서 LA공항에 도착했습니다. 한국 시간으로 다음 날 4시에 인천에 도착 후 안전하게 집에 도착함으로 저의 모든 미국 연수가 끝이 났습니다.

  안전하게 마지막까지 지켜 주신 하나님 감사합니다. 미국 연수 동안 수고해 주신 박사님과 서현 선생님, 햇살(김은실)

선생님, 윤학렬 감독님, 배 사모님, 밝은 님, 김종균 대표님, 마사오 선생님, 유키에 선생님, 수 선생님, 하늘빛 선생님, 청순한 선생님, 찬란한 선생님까지 저희 IDS와 함께 해주셔서 너무 감사하고 미국에 보내 주신 부모님 감사합니다. 미국 일정을 통해 더욱 더 성장할 수 있었던 거 같습니다. 이제는 해밀리에서 미국 연수의 추억들을 가지고 더 큰 세상을 향해 나아갈 것 입니다. 안녕!

조은빈 새로운

주님으로 마음 속을 가득 채우며

3. 10. 주일

이날 아침에 문제없이 잘 깨어나 준비를 한 뒤 차에 타 출발을 하고 이내 잠에 들었다. 공항에 도착하여 수속을 하고 비행기에 탑승을 했다. 비행기에서 5감사와 일기를 썼는데 생각보다 감사할 일이 많았다. 10시간의 비행이 끝나고 LA공항에 도착하였다. 입국 심사를 하기 전에 무슨 말인지 못 알아들을 까봐 걱정을 했다. 그런데 그때 주님이 나에게 "걱정하지 마. 내가 너와 함께 할 거야"라고 말씀해 주시는 것 같아서 마음이 편안해졌다. 입국 심사를 잘 마치고 '조선옥'이라는 한식집에서 점심을 먹었다. 뭔가 한국에서 먹었던 한식보다 더 맛있는 것 같았다. 차를 꽤 오래 탄 뒤 맥도날드에서 맛있게 저녁을 먹었다. 그런 후 숙소에 도착하여 5감사와 일기를 쓴 후 잤다. 언제

나 나와 함께 하시며 나에게 평안을 주시는 주님과 함께한 하루였다.

3. 11. 월

이날은 아침밥을 먹고 그랜드 캐니언으로 갔다. 그곳에서

잠깐 황성주 박사님의 강의를 들었다. 투어 버스를 타고 그랜드 캐니언을 돌아다니며 구경을 했는데 계속 웅장하다는 느낌이 들었다. 이름 모를 곳에서 점심을 먹었다. 그랜드 캐니언 댐 브릿지로 가서 구경을 했는데 댐이 터질까봐 무서웠다. 그러나 다행히 그런 일은 안 일어났다. 그랜드 캐니언을 볼 수 있는 많은 곳에 들른 뒤 웬디스에서 저녁을 먹고 숙소에 도착하였다. 5감사와 일기를 쓰고 잤다. 사실 이날 감기, 멀미, 수면 부족 때문에 최악의 컨디션이었다. 그러나 잠을 자니 잘 회복되어서 감사했다. 내가 아파할 때 옆에서 같이 아파하시며 슬퍼해 주시는 주님과 동행한 하루였다.

3. 12. 화

이날은 새벽에 일출을 보고 브라이스 캐니언으로 향하던 중 이름 모를 뷔페식당에서 아침을 먹었다. 브라이스 캐니언에 도착하고 보니 그랜드 캐니언 과는 다른 느낌의 아름다움이었다. 구경을 한 뒤 차를 꽤 오래 탔는데 중간에 과속을 했으나 경찰이 봐주었다. 경찰이 봐준 것은 하나님께서 하신 일이 아니면 거의 불가능하다는 것을 느꼈다. 점심 겸 저녁을 웬디스에서 먹었다. 미국 햄버거를 3일 연속으로 먹으니 미국 햄버거가 정

말 맛없다는 걸 정확하게 알게 되었다. 그리고는 드디어 ILI에 도착하여 늦은 저녁을 먹고 숙소에 가서 5감사와 일기를 쓰고 잤다. 나와 함께 발맞춰 동행해 주시는 주님만을 바라보는 하루였다.

3. 13. 수

이날은 숙소에서 아침밥을 먹고 잠깐 예배를 드린 뒤 일생동안 감사했던 일 25가지를 썼다. 내게 일생동안 감사했던 일이 생각했던 것보다 많아서 기뻤다. 발표를 하고 ILI에 가서 점심을 먹었다. 황성주 박사님의 절대 감사 강의를 들은 뒤 저녁을 먹고 또 잠깐 강의를 들었다. 요셉에 대하여 짧게 노트에 적었다. 숙소에 도착하여 5감사와 일기를 쓰고 잤다. 내가 언제나 절대 감사할 수 있도록 도와주시며 함께 하시는 주님으로 마음 속을 가득 채운 하루였다.

3. 14. 목

이날은 최종적으로 ILI에 들어가는 날인데 전날 밤부터 눈이 눈치없이 많이 왔다. 그래서 아침에는 거의 호텔에 갇혀 있었고 체크아웃을 하고 나서도 호텔 로비에서 노숙(?)을 했다. 오랜 기다림 끝에 황성주 박사님의 차를 타고 ILI로 향하던 중 오르막길에서 차가 눈 속에 파묻혀 잠복되었다. 총 38분 동안 눈속을 걸어야 했지만 그 와중에 인내를 기르게 되어서 감사했다. 드디어 ILI에 도착하고 몸을 녹이던 중에 주님께서 보내주신 선물처럼 사슴 4마리를 보았다. 생에 처음으로 보는 사슴이라서 많이 신기하고 귀여웠다. 황성주 박사님의 강의를 들었다. 사진을 찍는 것도 하나님이 은혜를 주셔야 사진이 아름답게 잘 나온다는 것을 배웠다. 배정받은 방에 들어가서 5감사와 감사 일기를 쓰고 잤다. 힘든 일 속에서도 나와 함께해 주시며 인내를 기르게 해주시는 주님께 감사한 하루였다.

3. 15. 금

이날은 아침밥을 먹고 윤학렬 감독님의 5분 메시지를 들은 뒤 윤학렬 감독님, 미지(청순한) 선생님, 서윤(하늘 빛) 선생님 순으로 간증을 들었다. 원래 간증을 좋아하지만 무엇보다 이번 간증들을 통해서 주님이 나에게 힘내라고 해주시는 것 같아서 감사했다. 점심을 먹고 오후에 꿈쟁이들과 함께 눈을 치우며 훈련원부터 창고까지 길을 뚫었다. 꽤 오랜 시간 동안 눈같이 하얀 것만 보다가 훈련원에 들어와 보니 훈련원 내부의 거의 모든 부분이 나무로 되어 있는 느낌이었다. 포켓볼 대회를 했는데 내 차례가 멀어서 내 쉬는 시간이 늘어난 느낌이었다. 내 차례가 되어 즐겁게 포켓볼을 하고 저녁을 먹은 뒤 황성주 박사님의 강의를 들었다. 방에 들어와 5감사와 감사 일기를 쓰고 잤다. 나에게 직접 말씀하지 않으시고 다른 사람을 통해서도 나에게 말씀하시는 주님께 귀기울인 하루였다.

3. 16. 토

이날은 아침을 먹고 잠깐 찬양을 한 뒤 서윤(하늘 빛) 선생님의 지도에 따라 요셉 연극 대본을 짰다. 점심을 먹고 연극 연습도 해보았는데 점점 재미있어져서 감사했다. 연습을 하고 있는데 미국살이 중인 아이들이 놀러 왔다. 연극 연습을 조금 더 하고 인엔아웃이라는 햄버거 집에서 저녁을 먹었다. 그리고는 킹덤드림센터로 가서 감사 나눔을 하고 잠깐 쉬다가 썰매를 탔다. 다시 킹덤드림센터에 들어와 세계 관광 명소를 보고 잠깐 기도를 했다. 다시 ILI로 돌아오던 중 또 차가 잠복 당해서 잠깐 걸어야 했는데 왠지 모르게 즐거웠다. 5~10분 정도 걷는 중 주님께서 보내 주신 것처럼 황성주 박사님이 영웅처럼 차를 몰고 나타나셨다. 덕분에 훈련원에 잘 도착하여 컵라면을 먹고 방에 들어와 5감사와 감사 일기를 쓰고 잤다. 내가 힘들 때도 즐거워하면 무언가를 선물해 주시는 주님의 사랑이 느껴지는 하루였다.

3. 17. 일

이날은 미국에서 보내는 첫 주일이었다. 정확하게 말하면 두 번째 주일이었다. (미국에 도착한 첫날이 주일이니까.) 늦잠을 잘 수 있었는데 4시간밖에 못 잤다. 잠을 덜 잤지만 잘 수 있는 것 자체가 얼마나 감사한 일인지 느꼈다. 아침밥을 먹고 주일 예배를 드렸다. 황성주 박사님의 말씀을 들을 때 양들의 특징에 대해서 들었다. 우리는 선한 목자이신 주님의 양들이니까 진짜 양처럼 주님께 그저 순종하며 따라야 한다는 것을 느꼈다. 주일 예배를 다 드린 후 요셉 연극 연습을 했다. 그리고는 점심밥을 먹고 또 연극 연습을 했는데 이틀 동안의 짧은 연습 기간에 그 공간과 시간, 우리들의 마음에 임하여 주신 주님께 감사했다. 저녁을 먹고 잠깐 황성주 박사님의 말씀을 듣고 요셉 연극을 발표했다. 완성도는 떨어졌지만 그래도 잘 마쳐서 감사했다. 취침 시간이 되어 방에 들어와 5감사와 감사 일기를 쓰고 잤다. 내가 즐거워할 때 옆에서 같이 기뻐해 주시는 주님과 함께 기뻐하는 하루였다.

3. 18. 월

이날은 아침에 차성도 교수님의 창조 과학 강의를 들었다. 하나님의 천지 창조가 더 아름답게 느껴지는 시간이었다. 점심을 먹고 공룡 화석 박물관에 갔는데 공룡 화석 외에도 많은 화석을 보았다. 공룡의 살아있는 모습을 상상하고 작은 공룡이 큰 공룡에게 밟히지 않도록 주님께서 지키셨을 거라는 걸 깨닫게 되어 좋았고 감사했다. 다시 ILI로 돌아와서 저녁을 먹었다.

또다시 차성도 교수님의 창조 과학 강의를 들었다. 아침과 저녁에 창조 과학 강의를 들으며 창조가 사실이고 진화가 거짓이라는 걸 좀더 구체적으로 정확하게 알게 되는 시간이었다. 잘 시간이 되어 방에 들어와 감사 일기와 영성 일기를 쓰고 잤다. 내가 궁금해 하는 모든 것들을 상상하게 하시며 깨닫게 하시는 주님과 함께하는 시간이 더 즐거워진 하루였다.

3. 19. 화

이날 아침에는 일찍 깼지만 정신이 멀쩡했다. 왜냐하면 내가 맞춰둔 알람과 동시에 "은빈아 일어나!" 같은 마음이 들었기 때문이다. 아침을 먹고 황성주 박사님의 절대 진리 강의를 들었다. 나의 인생은 기도=비전이라는 것을 배웠다. 그 다음에는 존 드와이트 목사님의 말씀을 들었다. 사람은 사람에 의해서는 절대 변화되지 않고 하나님에 의해서 변화된다는 것을 느꼈다. 점심을 먹고 청소를 한 뒤 그동안 미국에서 있었던 일을 기록했다. 그리고 에스더서를 읽고 토론을 했다. 내가 에스더 팬이라 그런지 너무 재미있는 시간이었다. 저녁을 먹은 뒤 황성주 박사님의 강의를 듣기 전에 서로에게 축복기도를 해주는 시간을 가졌다. 나에게는 이런 중보 기도가 다른 기도보다 더 은혜가 되는 것 같았다. 황성주 박사님의 강의를 듣고 황성주 박사님에게 축복기도를 해드렸다. 방에 들어와 5감사와 감사일기, 영성일기를 쓰고 잤다. 나에게 맞춰 주시며 함께해 주시는 주님과 손을 잡고 다닌 하루였다.

3. 20. 수

이날은 아침에 잠이 덜 깼지만 일어나서 씻으니 잠이 깨어서 감사하는 걸로 하루를 시작했다. 아침을 먹고 게스트 분들에게 강의를 듣기 전에 각자 마음이 가는 나라를 선택하여 기도하는 시간을 가졌다. 나는 이집트와 미국을 위해서 기도했는데 기도가 잘 돼서 감사했다. 기도를 한 뒤에 3명씩 기도 조를 짜서 세계 각국의 기도 제목을 본 후 잠깐 기도를 했다. 그 다음에는 조이라는 선생님이 오셨다. 조이 선생님은 사실 조이 선생님이 소속되어 있는 단체의 원래 오시려고 했던 분의 대역으로 오신 것이었다. 하지만 강의를 듣는 중간과 강의가 끝나고 나서 기도를 받았는데 이분에게 기도의 파워가 있다는 게 느껴졌다. 그리고 동시에 이분이 기도로 무장되어 있다는 걸 느꼈다. 그 다음에는 재프 엔더슨 목사님 말씀을 들었다. 갑자기 "내가 성경 말씀을 읽고 진심으로 받아들이는 것만 해도 그

게 하나님 나라 만들어 가는데 쓰이겠구나" 라는 생각이 확 들었다. 재프 목사님의 말씀을 듣고 재프 목사님에게 다같이 손을 갖다 대고 축복기도를 해드렸다. 내가 좋아하는 중보 기도를 또 해서 감사했다. 점심을 먹고는 자세히 기록이 안 되어 있는데 어디를 나갔다 왔다. 그런데 또 차가 잠복 당했다. 하지만 훈련원으로 오는 그 시간 동안 왠지 모르게 즐거워서 감사했다. 훈련원에 들어와서 잠간 쉬는 시간을 보냈는데 사모님과 바나나 케이크를 만들었다. 집에서 작은 바나나 케이크를 만든 적은 있었지만 큰 케이크를 만들어 보니 훨씬 재미있었다. 이런 기회를 주신 하나님께 감사했다. IDS 자치회 (회의)를 하는 시간을 가졌는데 꽤 재미있었다. 저녁을 먹고 세계에서 색소폰을 가장 잘 하시는 조셉 선생님의 말씀을 들었다. 그리고 그분의 색소폰 연주를 들었다. 생에 처음으로 듣는 색소폰 연주라 신기했고 아주 가까이에서 들어서 감사했다. 잘 시간이 되어 방에 들어와 5감사와 감사 일기를 쓰고 잤다. 내 관심사를 조금 더 정식적으로 직접 알게 해 주시며 옆에서 도우시는 주님께 입에 침이 마르도록 대단하다고 칭찬해드린 하루였다.

3. 21. 목

이날은 기록이 안 되어 있는데 아마 아침을 먹고 여러가지 바위를 정복(?) 하러 갔을 것이다. 점심을 먹고 전날 오신 조셉 선생님이 아닌 또 다른 '조셉 목사님'이 오셨다. 그분의 말씀을 들은 뒤 아마도 조셉 목사님의 친척이거나 가족이실 분들에게 축복 기도를 받았다. 이른 저녁을 먹은 뒤 차로 9~10시간 가는 여정이 시작되었다. 잠에 들었다가 깨어보니 하늘에

구름이 무슨 요정이 살 것 같이 아름다웠다. 아무튼 중간중간에 주유소에 들르면서 쉬었다. 밤 12시가 넘어서 국제 365일 기도의 집에 도착해서 15분 정도 기도를 했다. 이거는 선생님들도 느끼셨는데 15분이 무슨 5분 같았다. 다시 차를 타고 기도의 집 근처에 있는 어떤 선교사님 집에 도착하여 치킨을 맛있게 먹었다. 그리고 나서 선교사님과 사모님에게 다같이 축복기도를 해드렸다. 근처에 있는 숙소에 갔는데 무슨 폐가같이 으스스했다. 사실 이때는 새벽 3시가 넘은 시각이었으나 침대에 누워서 겨우겨우 잤다. 내가 무서워하는 것을 물리칠 수 있도록 도와주신 주님 덕분에 조금 더 용감해진 하루였다.

3. 22. 금

이날은 (다행히 기록이 되어 있다.) 아침에 일어나서 4시간 동안 차로 이동을 했다. 미드웨스트 대학에 도착하여 점심을 먹었다. 그런 다음 강당에서 총장님의 말씀을 들었다. 졸렸지만 안 졸고 잘 버텼다. 총장님이 전 세계에 아주 큰 영향을 끼친다는 게 신기했다. 미드웨스트 대학을 떠나 또 몇 시간 만에 국제어린이전도협회에 도착했다. 국제어린이전도협회 옆에 있는 숙소에 딱 30초 만에 갔다. 이때는 그 숙소에 머물고 있는 사람이 없어서 우리가 거의 전세 낸 샘이었다. 국제어린이전도협회 건물 안을 탐방했다. 고아원 같은 곳일까봐 걱정했지만 다행히 세계 어린이들을 모아서 어린이들에게 전도를 하는 거라고 하셨다. 안심이 되었다. 탐방을 하고 지하에 있는 탁구대에서 탁구 하는 걸 구경하다가 기타를 치시는 분이 계셔서 같이 찬양을 불렀다. 다시 숙소로 가는데 화재 경보기가 울리고 있고 소방차가 와 있어서 불이 난 걸까 걱정을 했다. 어떤 꿈쟁이들이 그 상황속에서 소방차를 사진으로 찍고 있어서 어이가 없었다. 솔직히 말하면 화가 났다. 아무튼 잘 해결되었고 황성주 박사님 방에서 감사 나눔을 했다. 숙소에서 좀 쉬고 국제어린이전도협회의 총재님(목사님) 집에서 굉장히 맛있는 저녁을 먹고 총재님의 간증을 들었다. 그런 다음 총재님 부부와 어떤 선교사님 부부에게 다같이 축복 기도를 해드렸다. 귀한 사역하시는 이 네 분에게 주님의 은혜가 가득하기를 기도드렸다. 아무튼 다시 숙소에 들어와 감사 일기를 쓰고 잤다. 어려운 상황이 찾아와서 하나님께 도와 달라고 간구하면 잘 해결해 주시고 나의 마음을 안심시켜 주시는 주님 덕분에 복잡했던 마음이 정리된 하루였다.

3. 23. 토

이날은 조식을 먹고 차로 9~10시간의 여정이 시작되었다. 아침에는 자기만 해서 시간이 빨리감에 감사했다. 써브웨이에 도착하여 점심을 먹었는데 햄버거보다 100배는 더 맛있었다. 그리고 써브웨이에서 파는 기다란 초키 쿠키도 나눠 먹었는데 완전 내 취향을 저격해 버렸다. 다시 차에 타 5시간 정도 더 이동하고 드디어 숙소에 도착하였다. 짐만 내려 놓은 뒤 근처 식당에서 저녁을 먹었다. 식당 앞에 있는 불 앞에서 '즐겁게' 찬양을 했다. 주님께서 우리가 찬양을 부른 그 식당에 임재하셨고 부흥을 허락하셨다고 믿는다. 숙소에 들어와서 5감사와 일기를 쓰고 잤다. 우리의 발걸음이 닿는 곳마다 축복하여 주시고 우리도 축복하여 주시는 주님 덕분에 종일 기분이 좋았던 하루였다.

3. 24. 주일

이날은 미국에서 보내는 두 번째 주일이었다. 정확하게 말하면 세 번째였다. (미국에 도착한 첫날이 주일이니까.) 조식을 먹고 차로 2시간 정도 이동하여 갈보리교회에 도착하였다. 특송 연습을 잠깐 한 뒤 교회에 들어가 찬양을 하는 시간에 특송을 하게 되었다. 즐겁게 잘 마쳐서 감사했다. 주일 예배를 드리는데 미국 특유의 자유로운 느낌의 예배를 처음 본 건 아니었지만 이런 자유로운 느낌의 예배를 드릴 수 있어서 즐거웠고 감사했다. 갈보리교회를 떠나 한아름 마트에서 엄청나게 맛있는 점심을 먹었다. (미국 사람들이 정말 많이 먹는다는 걸 정확하게 알게 되는 시간이었다.) 그리고는 마니토 스프링스에 가 길거리에서 노방 전도를 하고 찬양을 불렀다. 그런 후 황성주 박사님이 1인당 50달러 이하로 기념품을 사 주신다고 하셔서 근처 기념품 샵에 갔다. 즐겁게 쇼핑을 했다. 그리고 거기서 파는 젤라또도 먹었는데 진짜 맛있었다. 그리고 15~30분 정도 차로 이동해 드디어 ILI로 돌아왔다. 사실 마니토 스프링스에서 ILI로 오는 동안 멀미를 심하게 했다. 그러나 도착해서 잘 회복함에 감사했다. 저녁을 먹은 후는 기록이 안 되어 있는데 아마 포켓볼 대회를 마저 했을 것이다. 잠깐 찬양과 기도를 한 뒤 방에 들어와 5감사를 쓰고 잤다. 내가 어디를 가든지 나를 즐겁게 해주시는 주님과 재미있게 논 하루였다.

3. 25. 월

이날은 아침을 먹고 모세 바위를 보러 갔지만 내리막 길에서 미끄러짐이 심해져서 중간에 철수를 했다. 훈련원에 무사히 들어와서 이롬(erom) 정승진 부회장님의 강의를 들었다. 영어를 잘하는 비결을 알려 주셨는데 그 비결은 매일 아침에 특별히 마음에 와닿는 영어 성경 구절을 소리 내어 읽고 외우기. 감정 섞어서 하루 종일 그 구절만 미친 사람처럼 달달달

외우는 것이었다. 평소에 영어가 많이 부족했기에 언젠가 꼭 해봐야겠다는 생각을 했다. 사실 지금(2024. 4. 23. 화)까지 한 번도 안 해 보았다. 뭐 어쨌든 정승진 부회장님의 강의를 듣고 그분에게 다같이 축복 기도를 해드렸다. 나는 역시 축복 기도를 하면 할수록 은혜가 되는 것 같다. 점심은 바비큐 식당에 가서 맛있게 먹었다. 나만 그런 건지는 모르겠지만 아무래도 고기이다 보니 조금 느끼해서 물렸다. 아무튼 맛있게 먹고 다시 ILI로 돌아와서는 기록이 안 되어 있는데 아마 꽤 긴 휴식 시간을 가졌을 것이다. 미국에서의 일정과 소감문을 따로 종이에다가 적었다. 그런 다음 다른 꿈쟁이들은 계속 포켓볼을 하고 나는 잤다. 내가 부족하다고 생각하는 점을 채우시며 함께해 주시는 주님 덕분에 조금 더 주님 안에서 지혜로워진 듯한 하루였다.

3. 26. 화

새벽 1시 10분에 일어나서 차를 탄 뒤 공항으로 향했다. 공항에 도착해서 짐을 부쳤다. 또 수속을 했는데 출국 심사 같은 걸 할까 봐 걱정을 했다. 그러나 다행이 출국 심사 같은 건 없었다. 꽤 오래 기다려서 비행기를 탔다. 약 2시간의 비행이 끝나고 LA공항에 도착했다. 짐을 찾고 살짝 걸어서 이동한 뒤 다시 짐을 부치고 피자 집에 갔다가 수속을 했다. 그런 후 게이트 앞 의자에서 테이크 아웃 해온 피자를 먹으며 감사 나눔을 했다. 미국 사람들이 우리를 굉장히 뚫어져라 바라보길래 우리 인원이 많아서 그런 줄 알았다. 그런데 황성주 박사님이 미국 사람들은 피자 같은 걸 먹을 여윳돈이 없어서 1년에 한 번씩만 먹을 수 있다고 하셨다. 그 말을 들으니 멀리서 뚫어져라 바라보는 미국 아이들이 안쓰러워졌다. 왜냐하면 나는 피자를 안 먹고 싶어서 안 먹는 데 미국 사람들은 사먹을 돈이 없어서 못 먹기 때문이었다. 하지만 금방 피자를 사먹을 여윳돈이 있음에 감사하는 마음으로 바뀌어서 감사했다. 그리고 마음 속으로 미국 사람들을 축복해 달라고 기도를 했다. 주님이 내 기도를 들어주실 것 같아서 감사했다. 그리고는 황성주 박사님이 40분~1시간 정도 면세점을 구경하고 쇼핑하는 시간을 주셨다. 기분 좋게 아이쇼핑을 한 뒤 비행기를 탔다. 비행 시간이 14시간 56분이라는 걸 보고 '주여' 소리가 바로 나올 만큼 이 비행이 굉장히 지루했다. 그래서 비행하는 내내 기내식만 기다렸다. 드디어 14시간 56분의 비행이 끝나고 인천공항에 도착하였다. 모든 비행의 안전을 지켜 주신 하나님께 감사했다. 내가 힘들어도 감사하게 하시는 주님을 더 생각한 하루였다.

3. 27. 수

인천 공항에 도착했을 때는 한국 시간으로 3월 27일 수요일

오후 1시가 넘었을 때였다. 아무튼 LA공항에서 부쳤던 짐을 찾고 단체 사진을 찍은 후 부모님을 만나 집으로 가서 바로 잘 수 있어서 진짜 감사했다. 미국 연수 일정의 마지막까지 감사하게 하시는 주님의 팬이 되어버린 하루였다.

최종 소감문

미국에 도착한 첫날부터 장시간 이동을 해서 힘들었지만 미국 땅은 굉장히 넓기 때문에 이건 맛보기라고 생각하니 그 첫날부터 즐거워서 감사했습니다. LA공항에서 입국 심사를 하기전에 무슨 코로나 검사하러 가는 것처럼 떨렸지만 준비한 것만큼만 질문을 받고 잘 대답해서 감사했습니다. 입국 심사를 마치니 마음이 뻥 뚫리는 것처럼 상쾌, 통쾌해져서 좋았고 감사했습니다. 미국에 도착하여 바로 아~주 맛있는 한식을 먹어서 좋았고 감사했습니다. 중간중간에 계속 차멀미를 해서 컨디션이 안 좋았지만 그때그때 잘 회복하여서 감사했습니다. 저만 느낀 건지는 모르겠는데 미국 특유의 뻥 뚫린 하늘(참고로 한국은 산과 아파트 같은 고층 건물이 많아서인지 뭔가 하늘이 좁고 꽉 막혀 있는 것 같습니다.)을 매일 보아서 좋았습니다. 그 뻥 뚫린 하늘을 보며 마음이 편안해져서 감사했습니다. 또한 그 뻥 뚫린 하늘을 사진으로도 찍었는데 항상 예쁘게 잘 찍혀서 감사했습니다. 거의 매일 혹은 2~3일에 한 번씩 황성주 박사님의 좋은 (하나님의 은혜가 넘치는) 명강의 들으며 절대

감사를 어느 때에 어떠한 방식으로 해야 한다는 것을 조금이나마 이해할 수 있어서 감사했습니다. ILI에서 사슴을 매일 보았는데 생에 처음으로 보아서 그런지 많이 귀엽고 신기했습니다. 또한 사슴이 저를 공격(?)할 줄 알았습니다. 그러나 오히려 바닥에 물건 같은 걸 떨어트려 아주 살짝 큰 소리가 난 것 때문에 굉장히 놀래며 도망가서 신기했습니다. 그리고 그 와중에도 하나님께서는 사슴들의 마음을 진정시켜 주시고 있다는 것을 느꼈습니다. 중간에 눈이 눈치 없이 굉장히 많이 와서 차가 눈에 파묻혀 잠복되는 일이 꽤나 많이 있었습니다. 그때그때 잘 못 빠져나오고 빠져나올 때까지 꽤나 많은 시간이 걸렸습니다. 그러나 결국에는 빠져나와 훈련원에 돌아오면 굉장히 많은 쉼을 얻어서 감사했습니다. 또한 많이 온 눈 덕분에 아름다운 풍경을 보아서 감사했습니다. 그리고 제 취향인 완전 소복소복한 눈을 손으로 만지고, 눈으로 충분히 보고, 발로 밟아도 보고, 눈이 밟힐 때 나는 만족스러운 소리를 들어서 감사했습니다. 가끔씩 바비큐를 먹었는데 고기를 아주 좋아하지는 않지만 매우 만족스럽게 먹어서 좋았고 감사했습니다. 중간중간 오시는 게스트 분들에게 다같이 축복기도를 해드리는 시간을 꽤나 많이 가졌습니다. 제가 남을 위해 중보 기도를 하는 걸 좋아해서 그런지 저에게도 은혜가 되는 시간이어서 좋았고 감사했습니다. 또한 그 게스트 분들에게 제가 축복 기도를 받기도 했는데 그분들에게 기도의 파워가 있다는 게 느껴져서 은혜가 되어 감사했습니다. 황성주 박사님의 강의를 들을 때 생식의 10~15가지 장점을 보고 배웠습니다. 원래도 생식을 좋아하고 맛있어하지만 생식의 중요성을 조금 더 정확하게 알게 되고 그 후부터 생식이 더 중요하게 여겨져서 감사했습니다. 미국에서 가끔씩 쇼핑을 했는데 즐거웠고 그 쇼핑을 하며 미국의 음식 문화도 약간 알게 되어서 감사했습니다. 미국 연수의 마지막 순간까지도 즐거워하고 기뻐하며 감사해서 좋았습니다. 마지막으로 우리들을 위하여 십자가에 못박혀 돌아가심으로 모든 죄를 용서하여 주시고 우리를 의인 삼아 주신 주님을 항상 생각하고 그런 주님과 매일 동행하며 주님을 더 알아가는 시간, 그런 주님과 매일 교제할 수 있었던 시간이어서 감사했습니다. 또, 미국에 있는 동안 제 몸과 생각, 마음이 주 안에서 많이 자유해진 것 같아 감사했습니다. 진짜 마지막으로 미국에서 매일 5감사와 감사 일기를 쓰며 때를 구분하지 않고 절대 감사하는 실력이 많이 늘어 감사했습니다. 많은 것들을 보고 배우며 영적으로 성장한 시간이었던 것 같아서 감사했습니다. 평소 일주일에 한번 드렸던 예배를 미국에서는 매일 드리며 매일 주님을 만나고 동행해서 감사했습니다. 최종적으로 (지금까지 했던 말들을 통틀어서) 많은 걸 경험하고 저에게 매우 만족스러운 시간이어서 너무너무 감사한 미국 연수였습니다.

조은찬 빛이되는

똑같은 날이지만
새로운 느낌으로

안녕하세요. 저는 조은찬이라고 합니다. 학년은 IDS에서는 8학년이고 일반 공립학교에서는 중 2입니다. 일단 저의 글은 일기 형식과 소감문이 합쳐진 종합적으로 구성하도록 하겠습니다.

3월 10일, 9시에 부모님과 함께 나와 동생은 차를 타고 집에서 출발하였다.

약 1시간 30분 동안 차를 탔는데 동생이 멀미를 하여 이대로 비행기를 탈수 있을지 걱정이었다. 하지만 모든 것을 하나님께 맡기고 편안하게 가지만, 행동으로는 동생을 챙기면서 갔다. 인천공항에 갈 동안 설레기도 했지만 한편으로는 귀찮은 마음이 들기도 했다. 왜냐하면 중국에 다녀온지 얼마 안 되기도 했고, 해외로 나가는 것이 힘들었기 때문이다. 특히 미국은 시차도 많이 나고 이에 적응하는 것이 힘들다고 생각했기 때문이다. 어쨌든 공항에서 입학 캠프에서 봤었고 금방 친해진 동생 친구들 형 누나들과 다시 만나게 되었다. 먼저 짐부터 맡겼고, 내가 타야할 비행기의 이름과 나의 좌석 번호를 알게 되었다. 내가 타는 비행기 항공사의 이름은 에어프레미아라는 항공사였다. 그런 다음 마침 점심 때가 되어 가족들과의 마지막 만찬을 즐기기 위해 인천공항 푸드코너로 가족들과 이동했다. 비록 마지막 식사이지만 내가 좋아하는 한식 국밥…이 아닌 베트남 쌀국수 집으로 식사를 하러 가게 되었다. 하지만 내 나름대로 꽤나 만족스러운 식사라고 생각했다. 결국 시간이 되어 가족들과 헤어지게 되었다. 슬프진 않았지만 집에 있는 강아지를 생각하니 마음이 쓰였다. 하지만 왠지 모르게 부모님 생각도 날 것 같았다. 그렇게 생각하자니 코 끝이 찡해졌다. 나는 역시 아직까지도 어린이인가 보다. 결국 게이트 앞까지 예의 바르게 인사를 계속하며 갔다. 그랬더니 부모님께서도 대견하신가 보다. 갑자기 나를 안아주셨다. 그 품은 되게 포근했고, 왠지 정이 가는 허그였다. 그렇게 나는 부모님의 품을 떠나 인천공항의 출국 게이트를 지나 입국 심사를 하게 되었다. 입국 심사를

마칠 때까지 많은 시간을 기다려야 했지만 친구들과 함께 줄을 서니 지루할 틈이 없었다. 결국 입국 심사까지 끝내고 비행기를 타는 입구 쪽으로 이동했다. 바로 탑승하게 되어 한국에 있는 친구들에게 전화를 걸고 미국 간다고 자랑을 했다. 비행기를 타자 미국을 간다는 생각에 기대가 차올랐고 설레였고 앞으로의 일정에 대한 상상도 하기 시작했다.

마침내 비행기가 이륙했고 비행 시간은 약 10시간이었다. 힘들지만 미국에 대한 기대로 머리를 가득 채우고 비행 시간을 견뎌냈다. 그렇게 긴 비행 시간이 끝나고 마침내 미국 로스엔젤레스 국제공항에 도착하게 되었다. 도착하자마자 바로 입국 심사를 하자니 영어가 필요하다는 생각을 하게 되었다. 조금 두려워졌지만 그래도 용기있게 내 차례가 되자 동생 한 명을 데리고 입국 심사를 하게 되었다. 다행히 질문을 몇 개 안 해서 간단히 대답할 수 있었다. 이대로 무사하게 입국하나 싶었지만 옆에 있는 동생과는 달리 나더러는 기다리라고 말하고 내 여권을 들고 옆에 있는 직원에게 가 뭐라고 하더니 컴퓨터를 확인했다. 그 덕분에 나는 대략 10분 넘게 기다려야 했다. 그 동안 선생님께서 오셨고 다른 일행들은 뒤에서 기다리고 있었다. 나는 아직 어렸던 터라 선생님께서 괜찮다고 하셨지만 정말 별의

별 생각이 다 들었고 중국에서 있었던 일이 생각났다. 중국에서 입국 심사를 할 때 20분 넘게 지연됐던 적이 있었는데 지금이랑 똑같은 상황이었기 때문이다. 그러나 나의 생각과는 달리 입국 심사원 분이 미소를 지으시면서 패스라고 하셨고 오래 기다려줘서 고맙다고 하셔서 나도 땡큐, 라고 하고 짐을 찾으러 갔다. 친구들이 나에게로 와서 장난을 쳤고 나도 즐겁게 받아쳤다.

  짐을 찾은 뒤에는 렌트한 차로 갈아타기 위해 공항 게이트 앞에서 기다리고 있었다. 하지만 30분이 넘도록 기다리게 되자 슬슬 지루해 졌지만 그동안 아이들과 많은 얘기를 나눴기에 절대 감사를 드렸다. 결국 렌트한 차를 타고 광할한 미국을 달리는 여정과 모험을 시작하게 되었다.

   그렇게 벤을 타고 친구들과 함께 이야기꽃을 피우며 즐겁게 미국 일주를 시작했다. 처음에는 사실 재미있었으나 슬슬 여행이 길어지니 지루해졌다. 그러다보니 다들 한 명 한 명 차례차례 자기 시작했다. 나도 사실상 처음으로 잤고 자고 일어나보니 해가 지기 바로 직전이었다. 바로 사진 찍을 타이밍이라 일어나자마자 폰으로 카메라를 켜서 아름다운 풍경을 찍었다. 비록 미국에 온 지 몇시간 되지 않았지만 이 미국의 대자연에 놀랄 수밖에 없었고 심지어 벌써 경의롭다는 느낌까지 들게 되었다. 그렇게 한참을 달려 우리가 묶게 될 숙소 근처에 있는 맥도날드에 도착하여 끼니를 햄버거로 때우게 되었다. 또한 밥 먹는 중간에 낮아지는 님과 하나님의 은혜 님, 황성주 박사님께서 밥을 먹고 계셨던 어느 노숙자 분께 복음을 전하고 그분의 인생 스토리까지 들었는데 나에게는 새로운 느낌이었고 도전하는 마음이 생기게 되었다. 그렇게 맥도날드를 떠나 숙소에 가게 되었고, 첫째날이 지나가게 되었다.

3월 11일, 아침이 밝았고 같이 잤던 룸메이트들과 함께 조식을 먹으러 갔다. 조식을 산뜻하게 먹고 차를 타고 출발했다. 똑같이 벤을 타고 출발했는데 아이들과 함께 얘기를 나누는 것도 즐거웠지만, 중간중간마다 자연 경관이 눈앞에서 스치듯이 계속 지나가 풍경을 감상하는 것만으로도 즐거웠다. 감동이 벅차오르는 것이 새로운 느낌이자 경험이었다. 박사님께서 이번에는 그랜드 캐니언으로 간다고 말씀하셨고, 사진으로만 보던 그랜드 캐니언을 가다니 설레기 시작했으며 앞으로의 일정이 더욱더 기대가 되기 시작했다. 벤을 타고 지나다가 거대한 바위와 염소, 소 등이 보이면서 확실히 미국은 넓은 땅이고 볼 것이 많은 곳이며 하나님께서 만드신 자연이 광활하게 펼쳐진 곳이구나를 다시 새삼 되새기게 됐다. 한참을 달린 끝에 마침내 그랜드 캐니언에 도착하게 되었다. 그랜드 캐니언에 도착하자 바로 감탄이 입에서 터져 나왔다. 내가 하나님의 위대한 창조 과정과 그 역사를 모두 포함한 곳에 왔구나 다시 한번 깨닫게 되었다. 박사님은 곧바로 캐니언 앞에서 강의를 하셨는데 이 그랜드 캐니언이라는 곳이 어떻게 생성이 되었나를 듣게 되었다. 가장 중요한 것은 그랜드 캐니언은 하나님의 창조 질서

안에서 만들어 졌다는 것이다. 세상 사람들과 진화론 학자들은 진화론을 믿고 그랜드 캐니언이 무려 3억 년 이라는 오랜 세월에 걸쳐서 천천히 만들어 졌다고 주장한다. 그러나 우리 그리스도인들은 창조론의 격변설을 믿고 그것이 타당하다는 증거를 세상 사람들에게 알려야 한다. 이 창조론의 격변설에서는 진화론의 동일 과정설과는 달리 아주 빠르게 급진적으로 아주 짧은 시간만에 그랜드 캐니언과 같은 거대한 지질 지대가 만들

어질수 있다는 가설을 주장하는데 대표적인 증거로는 세인트 헬렌 산의 폭발이다. 1980년 5월 18일 일요일 세인트 헬렌 산의 거대한 폭발이 있었다. 그 당시 폭발의 크기도 놀라웠지만 더욱더 놀라게 된 것은 이 폭발 때문에 화산재가 쌓이면서 순식간에 지질층이 형성됐다는 사실이었다. 이처럼 몇 시간만에 지질층이 형성될 수 있다는 사실이 이 사건으로 인해 입증되면서 충분한 증거를 보여주었다. 어쨌든 이러한 격변, 즉 노아의 홍수를 통해 그랜드 캐니언 이라는 거대한, 남한의 크기보다 큰 지질 지대가 아주 빠르고 급진적으로 만들어졌다는 사실을 아주 쉽고 정확하게 알려주셨다. 그다음 그랜드 캐니언 기념품 샵에 가 여러 가지 기념품도 샀는데 마침 나는 그때 생일이라 친구들이 생일 선물로 베지를 각자 만오천 원씩 내서 사주었다. 그렇게 그랜드 캐니언을 나와 근처에 있는 타코 집에 갔다. 타코는 맛있었는데 음료수의 김이 빠져 있어서 탄산 맛이 안 났다. 어쨌든 그후 계속해서 차를 타고 달려 밤이 되어서야 숙소에 도착해 편하게 잘 수 있었다.

3월 12일 아침에 차를 타고 달려 브라이스 캐니언이라는 또 다른 자연 경관이 멋진 곳에 가게 되었다. 아침이라 피곤하긴 했지만 노을도 보고 주위에 아름다운 눈이 내린 대지를 보고 있자니 피곤이 싹 가시는 느낌이었다. 그렇게 한참을 달려 브라이스 캐니언에 도착했다. 눈이 살짝 내린 브라이스 캐니언의 모습은 장관이었다. 솟아 올라와 있는 바위 뒤에 해가 밝게 뜨고 있는 모습은 내 인생에 평생 기억될 장면이었다. 브라이스 캐니언에서 셀카도 찍고 배경 사진도 찍고 친구들과 함께 걸어 다니면서 경치를 구경했다. 30분간 경치를 감상한 이후 차를 탔는데, 마사우 센세라는 일본 선교사님이 운전을 해주셨다. 차 안에서 일본어도 가르쳐 주시고 여러모로 감사하고 유익한 시간이었다. 그리고 계속 차를 타고 달리는 똑같은 시간이 반복되었다. 그러나 벤에서 아이들과 함께 애기를 나누다가 졸리면 황성주 박사님의 트럭으로 옮겨 타서 꿀잠을 잔 것은 기분 좋은 시간이기도 했다. 한국에서는 이 정도로 많이 잤던 적은 없다. 어쨌든 차 타는 시간이 끝나고 잠시 Wendys에 들러 햄버거로 간단히 점심을 때우고 바로 다시 이동했다. 결국 늦은 밤이 되어서야 콜로라도 캠퍼스에 도착했다. 콜로라도 캠퍼스에서는 정겨운 한식을 먹었는데 쌀밥이 그렇게 맛있는지 처음 알게 되었다. 하지만 그때 그곳에서 컨퍼런스를 하고 있어서 우리 일행은 바로 잘 수는 없었고, 근처에 있는 호텔로 가서 자야 했다.

3월 13일~3월 14일. 어젯밤 잔 호텔에서 푹 자고 일어나 바로 로비로 내려가서 조식을 먹었다. 그후 밖에 눈이 쌓여 있어서 친구들과 함께 눈싸움을 했다. 한국에서는 눈이 자주 오지는 않아서 즐거웠던 것 같다. 그렇게 시간이 되어 벤과 트럭이 와서 그 차들을 타고 8분 동안 간 끝에 ILI에 도착했다. 그리고 그대로 강의실로 들어가 박사님의 귀중한 강의를 듣게 되었다. 감사 4.0 등 어떤 상황에서든 감사한 하나님의 사람들에 관해 들었고 그 어떤 어려운 상황에서든 절대 감사를 하라는 것이 핵심 주제였다. 그러면서 그동안 어려운 상황이 올 때마다 불평을 했던 나 자신을 돌아보게 되었다. 하지만 이제는 그 어떤 어려운 상황이 오더라도 항상 감사하고 기뻐하기로 결심하게 되었다. 그렇게 3월 13일과 3월 14일은 똑같지만 항상 새로운 느낌을 받으면서 지나가게 되었다.

3월 15일, 호텔에서 깨서 아침에 나와보니, 눈이 일 미터 높이로 쌓여 있었다. 나는 비록 15년의 세월이라는 짧은 시간을 살았지만 이렇게나 눈이 온 것은 처음 보았다. 처음에는 미국의 겨울은 다 이런 줄 알았지만, 듣고보니 현지에서도 무려 30년만에 온 대폭설이라 했다. 어쨌든 눈이 너무 많이 와 이동도 못하는 채로 호텔에서 오후 4시까지 갇혀 있어야 했다. 기다리는 동안 수다도 떨고 재밌게 놀았지만 나의 마음은 빨리 ILI로 가 박사님의 강의도 듣고 싶고, 쌀밥도 먹고 싶고, 포켓볼이라는 미국의 국민 미니 게임을 하고 싶었다. 그렇게 시간은 정처 없이 흘러가게 되고 오후 4시쯤 되자 우리를 태우러 차들이 왔

고, 우리를 콜로라도 캠퍼스가 위치해 있는 숲 입구에 내려주었다. 왜냐하면 눈이 너무 많이 와서 차가 빠질 위험이 높기 때문이다. 그렇게 여섯이서 장장 15분 거리를 눈보라와 눈이 쌓여 허리까지 오는 산길을 뚫고 가야 했다. 하지만 하나님의 인도하심으로 무사히는… 아니고 몇 번 눈에 미끄러져서 넘어졌지만, 안전하게 ILI 즉, 콜로라도 캠퍼스에 도착하게 되었다.

3월 16일, 콜로라도 캠퍼스에서 일어나서 아침을 먹고 여러 강의와 예배를 반복했다. 그러다가 킹덤드림센터로 가게 되었다. 박사님께서 미국 관광지들을 유튜브로 알려주셔서 쉽게 알게 되었다. 그후 밖에서 농구도 하고 배드민턴도 하고 썰매도 타고 즐겁게 놀았다.

3월 17일~20일, 박사님께서 직접 해주신 강의도 있었고 박사님의 베스트 프렌드 분들도 오셔서 강의를 해주셨다. 그런데 계속해서 새로운 분들이 오셔서 한 가지 의문점이 들었다. "도대체 박사님의 베프는 몇 명일까?" 중간에 부대찌개도 먹었는데 아마도 내 인생 최고의 부대찌개 아니었나 싶을 정도로 맛있었다.

3월 21일. 나의 생일이었다. 모두가 다 같이 축하해 주는데 기분이 매우 좋았고 축하해 준 모두에게 감사를 드렸다. 오전에는 중보 기도 팀이 와 중보 기도를 해주셨는데, 너무 뜻 깊었고 내 인생에서도 기억이 남을 만한 기도였던 것 같다. 오후에는 미주리 주로 가는 여행이 시작되었다. 벤을 타고 가는데 10시간이 넘는 대장정이었다. 중간에 국제기도의집에 들러 기도를 하고 근처에 기도훈련을 하고 계신 한인 선교사님의 집에서 하룻밤을 신세지게 되었다.

3월 22일. 미드웨스트 대학에 들러 총장님을 만나 강의를 듣고 신앙심을 다시 정리하는 시간을 가지게 되었다. 그후 다시 차를 타고 CEF로 출발했다.

차를 타고 달리는 동안 차 안에서 사람들과 얘기를 해서 심심할 시간이 없었다. 그러다가 CEF에 도착하여 여러 건물을 보게 되었는데 건물이 생각보다 꽤나 많아 당황했다. 차에서 내려서 CEF 본관으로 가게 되었다.

그곳에서 총장 선생님을 뵙고 말씀을 듣게 되었는데 나도 전 세계 어린이들에게 복음을 전하고 싶다는 생각을 하게 되었다. 그리고 저녁에 총장 선생님의 집에 가 저녁밥을 대접 받고 간증도 듣게 되었다.

3월 23일~3월 24일, 덴버로 다시 출발하게 되었다. 그 전에 마니토 스프링스에 가서 전도를 했다. 하지만 나는 너무 아파 차 안에 남아 영혼 구원을 위해 하나님께 기도하게 되었다.

3월 25일, 마지막 날이다. 막상 마지막 날이라 아쉽기도 했지만 감사한 시간이었다고 생각한다. 그후 미국 월마트에 가서 기념품도 사고 간식도 사서 먹게 되었다.

3월 26일, 드디어 공항에 도착하여 짐을 붙이고 비행기에 탑승하게 되었다.
한국도 그리웠지만 미국도 다시 오고 싶었고 뭔가 아쉬운 마음을 품고 한국으로 출국했다.

황성주 박사의 미국 연수 감사 제목

2024. 3. 10~3. 25

3. 10

BT 나눔. "나는 여호와요 모든 육체의 하나님이라 내게 할 수 없는 일이 있겠느냐(렘32:27)"는 말씀으로 새 힘을 주셔서 감사합니다. 내일부터 미라클 센터, 중보기도 센터 운영하게 하셔서 감사. 아침에 해밀리 식구들의 환송을 받고 미국을 향해 출발하면서 IDS 교육 혁명 시작되게 하셔서 감사합니다.

횡성 해밀리에서 서울 - LA 항공편으로 순식간에 공간 이동. 기내에서 밀렸던 2024 감사 제목 완성하는 은혜주셔서 감사합니다.

한 시간 밖에 못잤지만 피곤이 사라지고 미국 도착 후 글로벌 엔트리로 신속한 입국 수속에 감사. 국제꿈의학교 드리머들이 무사히 입국해서 같이 은대구 조림 맛보게 하시고 미국 이

롬 본사에서 짧은 주일 예배드리고 창조 과학 탐사 여행을 시작하게 하셔서 감사합니다.

첫날 10시간 동안 캘리포니아 지역 세계적인 습윤 사막인 모하비 사막을 달려 아리조나 플래그 스테프에 도착하게 하셔서 감사. 간단한 햄버거로 저녁을 해결하고 홈리스 전도 체험 감사. 모두가 적응 잘하고 건강해서 감사. 외국인임에도 과속으로 딱지 떼는 참사에도 절대 감사.

3. 11

"너는 내게 부르짖으라 내가 네게 응답하겠고 네가 알지 못하는 크고 비밀한 일을 네게 보이리라" 말씀으로 도전하여 모두가 말씀 붙잡고 기도하게 하셔서 감사합니다. 아침, 점심, 저녁 식사 각각 색다른 분위기에서 다양한 음식 맛보게 하셔서 감사합니다. 그랜드 캐니언 창조 과학 탐사를 통해 모두가 천지 창조와 노아의 홍수의 역사성과 사실성에 대한 확신과 절대 진리인 성경에 대한 확고부동한 신뢰를 가지게 하셔서 감사합니다.

애리조나의 장엄한 그랜드 캐니언, 유타의 아기자기한 글렌 캐니언 보면서 창조주 하나님의 임재와 권능과 사랑을 깨닫게 하셔서 감사. 점점 서로를 알아가면서 형제 우애와 사랑으로 공동체성을 경험케 하셔서 감사합니다.

각 차량마다 감사, 찬양, 기쁨으로 충만케 하시고 마음껏 수면을 누리며 모두 건강하고 씩씩하게 미국 서남부를 달리게 하셔서 감사합니다.

3. 12

"나 여호와가 이같이 말하노라 나의 주야의 약정이 서지 아니할 수 있다든지 천지의 규례가 정한대로 되지 아니할 수 있다 할찐대 내가 야곱과 내 종 다윗의 자손을 버려서 다시는 다윗의 자손 중에서 아브라함과 이삭과 야곱의 자손을 다스릴 자를 택하지 아니하리라 내가 그 포로된 자로 돌아오게 하고 그를 긍휼히 여기리라(렘 33:25,26)". 절대 불변의 언약을 붙들고 달려가게 하시니 감사합니다.

새벽에 자이온 내셔널 파크에서 본 찬란한 은하수와 별들, 아침에 불타는 붉은 노을. 하늘에 펼쳐진 하나님의 사랑의 고백에 감사합니다.

브라이스 캐니언 입구에서 구름, 색채, 빛의 스카이 쇼 감

사. 베스트 웨스턴 플러스에서의 아침 식사, 브라이스 센셋 포인트 비경, 다이노 소어 힐 탐사를 마치고 오늘 하루 17시간의 대장정을 마치게 하셔서 감사합니다.

드리머들이 차내에서, 식당에서 순간순간 감사 나누며 절대 감사를 실천하게 하셔서 감사. 계속 운전으로 섬기는 섬김이들의 존재에 감사합니다.

콜로라도 캠퍼스에 전원 건강하고 씩씩하게 잘 도착해 콜로라도 공동체 식구들의 환영 및 ILI 코리안 트랙 참가자들과의 만남, 한식 저녁 식사의 감격에 감사합니다.

3. 13

아침 BT 말씀 "내가 여호와의 의를 따라 감사함이여 지극히 높으신 여호와의 이름을 찬양하리로다(시 7:17)". 온 몸과 혼과 영을 새롭게 하시니 감사합니다. 선물처럼 살짝 눈이 내려 감사. 사슴 가족들의 방문 이어져 감사. 아내 맑은 님과 드리머들의 숙소 방문. 밤새 잘 자고 밝고 빛나는 얼굴의 아이들과의 반가운 만남에 감사합니다.

ILI 코리안 트랙 5기(미국 이로미안 리더)와 IDS가 함께 절대 감사, 저녁 평생 감사(영적 여정) 25가지 제목 나누며 강의와 워크숍, 풍성한 말씀의 축제로 나아가게 하셔서 감사합니다.

콜로라도의 30년 만의 눈폭풍이 예상되어 긴장했으나 평범한 하루로 마무리되어 감사. 마지막 IDS 합류하는 애린이가 무사히 도착하여 감사합니다.

콜로라도 공동체, 미국 이로미안, 국제꿈의학교 학생, 미디어 팀 등 50명의 대가족을 위해 헌신하는 차량 섬김이, 식사 섬김이, 프로그램 섬김이, 취재하는 미디어 팀 등의 존재에 감사. IDS 콜로라도 캠퍼스 현판식이 은혜 가운데 진행되어 감사합니다.

3. 14

밤새 내린 폭설로 60cm 정도 눈이 쌓인 경이로운 설경을 주셔서 감사합니다. 폭설로 호텔에 갇힌 아이들이 일생 25대 감사를 적으며 의미있는 시간을 보내게 하셔서 감사합니다.

드리머들을 위해 산중의 험한 눈길을 제네시스로 돌파할 수 있는 용기 주셔서 감사. ILI 캠퍼스로 오는 과정에서 눈 속에 빠진 차를 포기하고 초등생들과 눈보라를 뚫고 산길을 걸어 무사히 도착할 수 있는 은혜 주셔서 감사합니다.

눈폭풍으로 미주 이로미안들을 위한 코리언 트랙이 깊은 교제 가운데 조기 종료되고 ILI가 드리머들로 채워지는 기쁨에 감사합니다.

특별한 간섭으로 예비된 교사 그룹들이 확정되어 감사. 저녁에 뜨거운 찬양과 '요셉의 생애'에 관한 진지한 말씀 공부로 주님의 임재 가운데 예배할 수 있어 감사. 격정의 하루를 마무리하고 가진 교사 공동체의 풍성한 감사 나눔에 감사합니다.

3. 15

폭설은 계속되고 밖에 1m 정도 눈이 쌓인 설경을 선물로 주셔서 감사합니다. 수면 부족으로 힘들었지만 연약함으로 주의 말씀 앞에 서니 "내가 전심으로 여호와께 감사하오며 주의 모든 기사를 전하리이다 내가 주를 기뻐하고 즐거워하며 지극히 높으신 주의 이름을 찬송하리이다(시편 9:1-2)"는 절대 감사와 증인의 삶, 절대 기쁨과 절대 찬송을 새롭게 조명하게 하시니 감사합니다.

사랑스런 드리머들의 청소, 눈 치우기, 워크 듀티, 섬김이들의 차량 견인, 음식 섬김… 아름다운 스토리에 감사. 미디어 팀 윤 감독님의 파워풀한 메시지 & 풍성한 간증에 감사. 교육 선교사로서 헌신한 수(Sue)와 & 그레이스 간증 등을 통해 서로를 알아가는 기쁨에 감사합니다.

하늘전사 님과 비즈니스 영역의 미래에 대한 큰 그림에 감사. 불타는 님과 콜로라도에로의 본사 이전, 미주 공동체 시작하는 문제에 대해 의견 접근을 하게 되어 감사. 포켓볼 대회를 통해 하나됨에 감사. 오후에 드디어 눈이 그치고 푸른 하늘을 보여주심에 감사합니다.

국제꿈의학교 학생들이 창조 과학 탐사를 통해 하나님의 창조를 확신하며 믿음의 큰 걸음을 내딛게 되어 감사. 그 열매로 콜로라도 ILI 캠퍼스 내에 있는 창고 건물을 리모델링해서 어린이 교회와 카페를 겸한 창조과학관을 조그맣게 마련하고자 하는 열망주셔서 감사합니다.

3. 16

시편 9:18. "궁핍한 자가 항상 잊어버림을 보지 아니함이여 가난한 자가 영영히 실망치 아니하리로다"의 말씀을 통해 Billion Soul Care 운동에 대해 확신주시니 감사합니다.

요셉의 생애에 대한 말씀 읽기의 열매로 모든 학생이 참여하는 연극을 기획하게 하셔서 감사합니다. In & Out 햄버거의 성공을 통해 정직과 공의를 붙잡는 킹덤 비즈니스가 실제함을 보게 하셔서 감사합니다.

BSH 운동 본부인 Kingdom Dream Center 방문해서 콜로라도에 대해 소개하고 폭발적인 은혜가 있는 뜨거운 기도회를 갖게 하셔서 감사합니다.

폭설로 차량 4대가 눈 속에 파묻히는 사태에서 모두가 하나 되어 위기를 극복하는 승리의 감격을 주셔서 감사. 무명으로 콜로라도 캠퍼스에 설립될 어린이 채플 겸 창조과학관 기부금을 보내주신 미국 이로미안들의 존재에 감사. 늦은 밤 풍성한 감사 나눔에 감사합니다.

3. 17

"하나님께서 너와 함께 항해하는 자를 다 네게 주었다"(사도행전 27:4)는 말씀을 붙잡게 하셔서 감사. 주일 아침 아이들 수면 마음껏 누리며 기쁨으로 주일 예배 드리고 전원 시편 23편 성경 암송하게 하시니 감사합니다. 예배 중 여러나라 언어로 다양한 기도를 드리고 창조 과학 자료를 킹덤드림센터에서 옮겨 창조과학관 준비하게 하셔서 감사합니다.

눈 치우기 섬김의 은혜, 매일 사슴이 오는 기쁨, 카리스 선교대학 학생의 참여, 창조 과학 채플 & 카페 공사 확정에 감사합니다.

콜로라도 공동체 전체 모여 BBQ 파티. 찬양과 기도, 학생들의 요셉의 생애 연극 꽁트의 높은 수준에 감사, 강덕호 실장 24일 미국 합류에 감사. 모든 것이 합력해서 선을 이루도록 BSH에 총동원되고 있음에 감사합니다.

3. 18

"여호와여 주는 겸손한 자의 소원을 들으셨으니 저희 마음을 예비하시며 귀를 기울여 들으시니이다"(시편 10:17) 말씀으로 은혜주시니 감사. 오늘은 창조과학의 날로 하나님의 창조, 노아의 홍수에 집중하게 하셔서 감사합니다.

미디어 팀이 폭발적인 부흥의 현장인 카리스 선교대학 취재하며 즐거워하는 모습과 미디어 선교에 대한 간절함, 창조 과학에 대한 새로운 비전으로 충만한 윤 감독님 뵈며 감사합니다.

롭 & 브라이언의 이스라엘 특강과 다이섭 한 선교사의 한국 미국 이스라엘의 연결, 미국의 기도 운동과 부흥, BSH의 역사에 대해 특강 듣게 하셔서 감사합니다.

창조 과학 채플과 카페를 위한 모금액 5만불 중 3만불이 채워져서 감사, 학생들의 록키마운틴 공룡 센터 견학과 자료 수집. 시편 23편 영문 암송에 감사합니다.

이재만 교수, 차성도 교수 등 탁월한 창조 과학자의 강의를 활용하며 창조 과학을 통한 차세대 복음 전도의 비전을 불태우게 하셔서 감사합니다.

아이들끼리 찬양 팀 구성해서 은혜스럽게 매번 예배가 드려지니 감사. 늦은 밤까지 교사와 섬김이들의 감사 나눔! 그 풍성함을 누리게 하셔서 감사합니다.

3. 19

하나님의 말씀인 절대 진리에 대해 특강하게 하셔서 감사합니다. 성경 보급을 통해 한 민족이 주께 돌아온 간증을 한 Bible for the world 대표인 존 푸다이테 목사님과 인터뷰하게 하셔서 감사합니다. 킹덤드림센터에서 류 잉글 사역 대표자인 에스테반 형제와의 만남에 감사합니다.

일식집에서 미디어 팀과 불타는 님 가족과 식사 나누고 아이스크림 교제까지 나누게 하셔서 감사합니다. 절대 진리 특강 계속하고 이어 윤 감독님 주도로 한 명 한 명 드리머들을 위해 간절히 중보하면서 윤 감독님 위해서 눈물로 기도하게 하셔서 감사. 섬김이와 교사들의 풍성한 감사 나눔에 감사합니다.

3. 20

드리머들이 각 나라 국기와 BSH를 놓고 중보하며 선교 기도 헌신하게 하시니 감사합니다. 드리머들에게 선교 도전을 하면서 미전도 종족을 위해 기도하도록 에임 선교회의 조이 선교사를 보내주셔서 감사합니다. 미국 하원의원의 채플린인 제프 목사님의 말씀 '하나님의 사람이자 탁월한 정치가였던 다니엘의 생애'를 통해 도전 주시니 감사합니다. 카리스 선교대학의 색스폰 연주자를 통해 큰 은혜 받고 틈틈이 안식하게 하셔서 감사합니다.

콜로라도 부흥을 주도하는 락 교회를 방문, 마이크 목사님을 통해 미국 부흥의 소식과 성령의 불꽃 말씀 기도회를 통해 은혜 받고 주님의 압도적인 임재를 체험하게 하셔서 감사. 에스겔 47장의 말씀을 선포하게 하셔서 감사합니다. (그가 나를 데리고 성전 문에 이르시니… 동향한 바깥 문에 이르시기로 본즉 물이 그 우편에서 스미어 나오더라… 물이 발목에 오르더니

다시 일천척을 척량하고 나로 물을 건너게 하시니 물이 무릎에 오르고 다시 일천척을 척량하고 나로 물을 건너게 하시니 물이 허리에 오르고 다시 일천척을 척량하시니 물이 내가 건너지 못할 강이 된지라 그 물이 창일하여 헤엄할 물이요 사람이 능히 건너지 못할 강이더라… 내가 돌아간즉 강 좌우편에 나무가 심히 많더라… 이 강물이 이르는 곳마다 번성하는 모든 생물이 살고 또 고기가 심히 많으리니 이 물이 흘러 들어 감으로 바닷물이 소성함을 얻겠고 이 강이 이르는 각처에 모든 것이 살 것이며 강 좌우 가에는 각종 먹을 실과나무가 자라서 그 잎이 시들지 아니하며 실과가 끊치지 아니하고 달마다 새 실과를 맺으리니 그 물이 성소로 말미암아 나옴이라 그 실과는 먹을 만하고 그 잎사귀는 약 재료가 되리라)

3. 21

매일 수면 부족으로 연약함 체험에 절대 감사. 틈틈이 회복되어 감사합니다. 성경적인 기도와 택하심의 3대 목적(성품의 열매, 전도의 열매, 기도 응답)에 대해 나누게 하셔서 감사합니다.

조셉 윙거 목사님의 사랑으로 충만한 말씀과 동역자들, 중

보자들이 와서 드리머들을 기도로 섬겨주셔서 감사합니다. 좋은 만남을 주셔서 송 총장님, 조 총재님, 우 선교사님을 통해 캔자스 미주리 여행이 기획되게 하셔서 감사합니다.

오후 2시에 출발 12시간 동안 콜로라도, 캔자스, 미주리 주 등 하루 만에 3개 주 누비면서 여행의 기쁨과 긴 여정의 역경 돌파의 인내, 즐거운 만남, 국제기도의집의 24/7 기도체험, 새벽 2시에 맛보는 통닭 체험 등 풍성한 은혜 주셔서 감사합니다.

3. 22

기도의집 한 사역자의 허술한 집에서 편한 잠을 자게 하셔서 감사합니다. 미드웨스트 대학교로 3시간 이동하면서 차내 찬양으로 성령의 임재 체험, '감사 감사 예수' 찬양으로 감사 제목 나누고 돌림노래 하게 하셔서 감사합니다.

Midwest University 설립자이신 제임스 송 총장님 특강과 식사 대접에 감사. 한국에 분교 설립, 쿠미대학교와의 자매 결연 등 미래 비전 나눔에 감사, K- leadership의 세계화라는 큰 틀의 동역에 합의하게 하셔서 감사합니다.

국제어린이전도협회(CEF) 방문해 좋은 숙소 제공받고 따뜻하게 환대받게 하시고 사역 탐방하게 하신 은혜에 감사. 호숫가의 조정환 국제총재님 사택에서 만찬을 대접받게 하시고 특강으로 도전받게 하신 은혜에 감사합니다.

화재 경보 오작동 등 해프닝 있었지만 절대 감사하고 마13장의 네 가지 밭에 대해 말씀으로 도전하고 풍성한 감사 나눔 하게 하셔서 감사합니다.

3. 23

"아이 사무엘은 여호와 앞에 자라니라"(삿2:20) 말씀대로 "Coram Deo의 자세로 생의 벽돌을 쌓게 하소서" 라는 기도가 나와서 감사. 지난밤에 4월 터키 선교 팀 및 국제꿈의학교 학생 리더십 체계가 세워져 감사합니다.

새벽녘 잠을 보충해서 감사. 아침 식사 후 드리머들 덴버로 떠나보내고 잠시 휴식을 취할 수 있어 감사합니다.

CEF 국제대표인 조 예레미아 총재와 10억 어린이 영혼 구원 운동의 방향 합의하게 되고, 금년 10월 Global Harvest Summit에 5명의 국제 대표단 참가하기로 결정되어 감사합니다.

세인트 루이스에 유학중인 혜성이와 통화되어 감사. 세인트 루이스 공항 UA 항공편으로 덴버로 가는 기내에서 Global Harvest Summit 대회 구상, 명예 회장단, 공동 회장단, 대륙별, 국가별 참석자 선정에 집중하게 하셔서 감사합니다.

덴버 공항에 내려 불타는 님 영접받고 2시간 30분 달려 벌링턴에 도착, 미리 도착한 드리머들 만나 같이 모닥불 쬐며 찬양하고 감사 나눔으로 하루 마무리할 수 있어 감사합니다.

3. 24

아침 말씀 "여호와는 나의 산업과 나의 잔의 소득이시니 나의 분깃을 지키시나이다 내게 줄로 재어 준 구역은 아름다운 곳에 있음이여 나의 기업이 실로 아름답도다" (시편 6:5-6)으로 하루를 힘차게 시작하게 하시니 감사합니다.

총선을 앞두고 국내 정치환경 절로 기도가 나오는 상황이라 주님만 바라보게 하셔서 감사합니다.

이동 중 하라가 회복되어 감사. 주일 덴버 갈보리교회에서 드려지는 역동적 예배, 은혜의 폭발성, 천국의 재현에 감사. 예라의 인사말과 동시통역 시도에 감사합니다.

덴버 한아름 마트에서 한식 체험, 마니또 스프링스에서의 전도 체험에 감사. 복음 전한 분들의 구원을 위해 기도하며 기쁨으로 전하게 하셔서 감사, 풍선과 전도지 등 철저한 준비에 감사합니다.

눈길 차량 이슈로 계속 절대 감사하게 하셔서 감사. 폭설로 환영해 주심에 감사. 비실비실한 아이들의 존재에 절대 감사. 대소변의 통로를 열어 주심에 감사. 막힌 화장실 문제 해결에 감사. IDS 꿈쟁이들의 밝고 풍성한 감사 나눔에 감사합니다.

3. 25

아침 말씀 "여호와께서 임하여 서서 전과 같이 사무엘아 사무엘아 부르시는지라 사무엘이 가로되 말씀하옵소서 주의 종이 듣겠나이다"(사무엘상 3:10). 동일한 고백을 드리게 되어 감사합니다. IDS / ILS 미국 통합 캠퍼스 구상에 감사합니다.

눈밭에 모세 바위 정복이라는 도전을 통해 강력한 체성, 지성, 야성 키우게 하셔서 감사합니다.

찬송. QT 말씀 나눔, 정승진 부회장의 리더십 및 영어 회화 비법 특강에 감사. 월마트에서의 간단한 쇼핑과 미국 본사의 루디스 BBQ 점심 섬김에 감사합니다.

미국 연수를 토탈 정리하며 진지한 글쓰기에 감사. 최고의 만찬과 생일 축하 및 사은 잔치에 감사. 추억의 시간과 조별 발표와 마지막 당부의 메시지에 감사. 포켓볼 대회를 통해 하나 됨을 확인하며 늦은 밤 덴버 공항으로 떠나 귀국길에 오르게 되어 감사합니다.

AMERICA

초판 1쇄 발행 / 2024년 5월 20일
초판 2쇄 발행 / 2024년 6월 5일

지은이 / 류세라 외
펴낸이 / 황학주
펴낸곳 / 발견
아트 디렉터 / 황학주
디자인 / (주)시아울
주소 / 강원도 횡성군 둔내면 우용로 97번길 44 해밀리 512동
전화 / 02-2278-4211
e-mail / balgyeonbook@naver.com

ⓒ 류세라 외 2024
ISBN : 978-89-6879-079-9 (03810)

- 잘못된 책은 구입한 서점에서 바꿔드립니다.
- 책값은 뒤표지에 있습니다.
- 이 책의 판권은 저자와 발견에 있습니다.
- 이 책 내용의 전부 또는 일부를 재사용하려면 반드시 지은이와 발견의 서면 동의를 받아야 합니다.